JN087165

International Business : Theory and Practice

国際ビジネス論を学ぶ

小川雄平＋猿渡 剛［編著］

Ogawa Yuhei / Saruwatari Tsuyoshi

中央経済社

はしがき

　今日の世界経済は著しくグローバル化が進展しているが，その端緒は30年前に遡ることが出来よう。1989年11月の「ベルリンの壁」崩壊に始まる社会主義体制の瓦解は，東欧諸国の一党独裁体制を解体させるとともに経済を従来の計画経済から市場経済へと移行させた。1991年には社会主義の総本山であるソ連邦が解体され，ロシアも国有企業の民営化を進めて市場経済への移行を図った。1989年の「天安門事件」で中断していた「改革開放」を1992年に再起動させた中国も市場経済の導入に踏み切ったことで，市場経済は世界の隅々にまで浸透することになったのであった。

　それから30年―。世界経済は文字通りのグローバル化を達成した。その恩恵を受けたのは東アジアのNIEs（新興工業経済群）・中国・ASEAN（東南アジア諸国連合）である。多国籍企業によって部材の最適地生産のために構築された，世界規模の調達網である「グローバルサプライチェーン」に組み込まれることで，著しい経済発展を遂げ得たからである。

　NIEsのうち，国家である韓国とシンガポールは，先進国のクラブといわれるOECD（経済協力開発機構）への加盟を果たし，名実ともに先進国の仲間入りを果たした。中国は高度成長を続けて「世界の工場」と称され，日本を抜いてGDP世界第2位・貿易額同第1位の経済大国となった。ASEANも域内の経済統合を進めると同時に，域外諸国ともFTA（自由貿易協定）を締結して経済発展を加速，中間層がボリュームゾーンといわれるまでに厚みを増して一大消費市場を形成するに至っている。

　これとは対照的に，先進国の経済は総じて低迷した。日本経済は「プラザ合意」以降の円高局面を生産・輸出拠点の東アジア移転によって乗り切ったかに見えた。1990年にはGDP世界第2位を誇るに至ったからである。ところが，同年にはバブルの崩壊に見舞われ，以降今日までの30年間は一時的な景気の回復局面はあったものの，日本の経済は基本的に低迷したまま推移した。こうし

た状況下で更なる問題は，非正規雇用が増えて，他国より厚いといわれた中間層が崩れていることである。その結果，日本でも他の先進諸国同様に経済格差が拡大し，社会の分断が進んでいる。

企業サイドから見れば，生産・輸出拠点の東アジア移転は成功を収めた。というのは，基幹部品は本社工場で内製，汎用部品はNIEs，組立・加工は中国やASEANという単純な分業形態から，コスト削減のために部材の適地生産をさらに徹底させた重層的かつ複雑なサプライチェーンに，東アジア地域を再編して上手く組み込むことが出来たからである。こうして企業は，コスト削減に努めた成果を海外現地子会社からの配当金として，ほぼ無税（租税特別措置により95％まで非課税）で受け取った。

このようにして積み増しされた内部資金を原資に，企業は配当金を増やし，自社株を購入することで株主に報いたのである。従業員への還元や投資よりも株主還元を優先したことが，付加価値の不公平な配分を通じて格差拡大に拍車を掛けたことはいうまでもない。結果，富裕層が富む一方で低所得層は貧困に喘ぐという社会の分断が日本でも進行したのである。

以上に見たように，経済格差の拡大はグローバリゼーションによるものではなく，個々の企業が競ってコストの削減に動いたからである。総資本，つまり全企業の立場に立てば，従業員は消費者でもある。賃金コストの削減は消費者の購買力の削減を意味しよう。そのことに気付いたのは多国籍企業の経営者である。このままでは消費者の反感を買い，自社の経営はもちろん，資本主義それ自体も存続が望めない。そうした危機感を抱いた米国多国籍企業の経営者は，経済格差の拡大や環境汚染の深刻化を招いた株主重視の経営を反省し，他のステークホルダー（利害関係者）である顧客（消費者）・従業員・取引先や地域社会にも配慮する旨を，2020年1月の世界経済フォーラム年次大会（ダボス会議）で宣言・確認したという。

それだけではない。国連のSDGs（持続可能な発展目標）が尊重され，ESG（環境・社会貢献・企業統治）投資が共感を集めるに至って，銀行融資やファンドの投資も，企業のESGへの取組みを評価したうえで実行されるようになった。自社株買いに熱心な企業は，株主以外のステークホルダーへの配慮に欠け，持続可能な発展はもとより，生き残りすら出来ないと評価されるのである。

日本企業の経営者も，従業員への配慮や環境改善措置の導入はもちろん，社会貢献にも積極的に取り組まざるを得なくなっている。

　このような状況の変化に対応して，企業経営者，とりわけ日本企業の経営者はどのような国際ビジネスを展開しようとしているのであろうか。我々の関心はこの点にある。総勢13名が集まり，それぞれの想いを，各自の従来の研究成果のうえに展開することで出来上がったのが本書である。活字離れが進んだ学部生向けの教科書として，読み易いように工夫はしているが，内容的には大学院生や一般のビジネスマンにも大いに参考になり得ると自負している。

　本書のタイトルは「国際経営論を学ぶ」ではなく「国際ビジネス論を学ぶ」となっている。学問系統的には「国際経営論を学ぶ」とすべきであろうが，一般的に「国際経営論」の教科書では，企業経営を取り巻く世界経済環境は所与となっている。しかしながら，グローバル化が進展した世界経済の変容は急進的かつ顕著で，企業が対応し切れないことも少なくない。「リーマンショック」や「通貨危機」といった制度の破綻に加えて，災害や感染症の発生による経済環境の激変も，その対応を誤れば企業経営に致命的な打撃を及ぼすことになる。こうして本書では，企業経営を取り巻く世界経済環境の分析にも紙幅を割くことになり，タイトルも「国際ビジネス論を学ぶ」とした次第である。

　本書の構成を示しておけば，大略次の通りである。

　まず序章では，国際ビジネスの定義と用語の解説を行ったうえで，日本企業を取り巻く経済環境とそれに対応して遂行された国際ビジネスの内容を歴史的に叙述し，最後に日本企業による現在進行中の国際ビジネスの現状分析を加えている。

　次に，以下の本文を2部構成とし，第Ⅰ部 国際ビジネスの環境を学ぶ では，企業にとってはその存在自体が1つの経済環境でもある中国経済の動向を第1章で，世界経済を席巻するまでに増大したFTAと貿易の相関を第2章で，為替レートのメカニズムを第3章で，少子高齢化社会の外国人労働の実態を第4章で，それぞれ分析している。第5章は，こうした経済環境の下で熾烈な競争を展開している欧米系多国籍企業と東アジア系多国籍企業の興亡を追っている。

第Ⅱ部 国際ビジネスの実態を学ぶ では，メガバンクの各時期の国際事業展開の実態を第6章で，自動車メーカーのホンダの世界立地戦略の展開過程を第7章で，ASEANのFTAに対応した日系電気電子機器メーカーのビジネス戦略の実際を第8章で，企業の港湾物流を中心としたサプライチェーンの実態を第9章で，それぞれ明らかにしている。第10章は国際交通ビジネスとして，日韓間の外航旅客航路事業の実際を，第11章はインバウンドで活況を呈する観光業の実態を，最後の第12章は環境都市北九州市が取り組む海外水ビジネス事業を紹介している。読者の忌憚のない批評がいただければ幸いである

　最後になったが，本書の刊行を快く引き受けて下さり，また執筆者の我儘を聞き届けて下さった中央経済社編集長の納見伸之氏に，執筆者を代表して心からお礼を申し上げたい。

　2020年7月

編著者

CONTENTS

第Ⅱ部　国際ビジネスの実際を学ぶ

第12章 **持続可能な発展と環境ビジネス** 196
──北九州市海外水ビジネスを事例に

略語一覧

略語	英語名称	日本語名称
AEC	ASEAN Economic Community	ASEAN経済共同体
AFTA	ASEAN Free Trade Area	ASEAN自由貿易地域
AFTA-CEPT	AFTA Common Effective Preferential Tariff	AFTA共通効果特恵関税
AI	Artificial Intelligence	人工知能
AICO	ASEAN Industrial Cooperation	ASEAN産業協力
AIIB	Asian Infrastructure Investment Bank	アジアインフラ投資銀行
ASEAN	Association of Southeast Asian Nations	東南アジア諸国連合
ATIGA	ASEAN Trade in Goods Agreement	ASEAN物品貿易協定
BRI	Belt and Road Initiative	一帯一路
CFS	Container Freight Station	混載貨物積卸場
CPTPP	Comprehensive and Progressive Agreement for Trans-Pacific Partnership	環太平洋パートナーシップに関する包括的及び先進的な協定
CU	Customs Union	関税同盟
EC	Electric Commerce	電子商取引
EMS	Electronics Manufacturing Service	電気電子機器受託製造サービス
EPA	Economic Partnership Agreement	経済連携協定
EU	European Union	欧州連合
EV	Electric Vehicle	電気自動車
FCL	Full Container Load	コンテナ借り切り
FEU	Forty-foot Equivalent Unit	40フィート・コンテナ換算
FSB	Financial Stability Board	金融安定理事会
FTA	Free Trade Agreement	自由貿易協定
FTZs	Free Trade Zones	自由貿易区
GATT	General Agreement on Tariffs and Trade	関税及び貿易に関する一般協定
GDP	Gross Domestic Product	国内総生産
G-SIBs	Global Systemically Important Banks	グローバルなシステム上重要な銀行
GSP	Generalized System of Preferences	一般特恵関税制度
HDD	Hard Disk Drive	ハードディスクドライブ
HEV	Hybrid Electric Vehicle	ハイブリッド電気自動車
HFT	High Frequency Trading	株の超高速取引
HS	Harmonized Commodity Description Coding System	商品の名称及び分類についての統一システム
IBRD	International Bank for Reconstruction and Development	国際復興開発銀行

略語	英語名称	日本語名称
ICT	Information and Communication Technology	情報通信技術
IDA	International Development Association	国際開発協会
ILO	International Labour Organization	国際労働機関
IMF	International Monetary Fund	国際通貨基金
IT	Information Technology	情報技術
ITA	Information Technology Agreement	情報技術協定
JAIF	Japan-ASEAN Integration Fund	日 -ASEAN 統合基金
JETRO	Japan External Trade Organization	独立行政法人日本貿易振興機構
JICA	Japan International Cooperation Agency	独立行政法人国際協力機構
JNTO	Japan National Tourist Organization	独立行政法人国際観光振興機構
LCC	Low Cost Carrier	格安航空会社
LCL	Less than Container Load	小口混載
MaaS	Mobility as a Service	マース
MDGs	Millennium Development Goals	ミレニアム開発目標
MFN	Most Favoured Nation	最恵国
M&A	Merger and Acquisition	合併・買収
NAFTA	North American Free Trade Agreement	北米自由貿易協定
NIEs	Newly Industrializing Economies	新興工業経済群
OECD	Organization for Economic Cooperation and Development	経済協力開発機構
OEM	Original Equipment Manufacturing	相手先ブランドによる生産
O&M	Operation & Maintenance	運転・保守
RCEP	Regional Comprehensive Economic Partnership	東アジア地域包括的経済連携
RTA	Regional Trade Agreement	地域貿易協定
R&D	Research and Development	研究開発
SARS	Severe Acute Respiratory Syndrome	重症急性呼吸器症候群
SDGs	Sustainable Development Goals	持続可能な発展目標
SDR	Special Drawing Rights	特別引出権
TEU	Twenty-foot Equivalent Unit	20フィート・標準コンテナ換算
TPP	Trans-Pacific Partnership	環太平洋パートナーシップ
TRIPS 協定	Agreement on Trade-Related Aspects Intellectual Property Rights	知的所有権の貿易関連の側面に関する協定
TRM	Transitional Review Mechanism	経過的審査メカニズム

略語	英語名称	日本語名称
TTIP	Transatlantic Trade and Investment Partnership	環大西洋貿易投資パートナーシップ
U-BCF	Upward flow Bio Contact Filtration	上向流式生物接触ろ過設備
UNCTAD	United Nations Conference on Trade and Development	国際連合貿易開発会議
UNWTO	UN World Tourism Organization	国連世界観光機関
USMCA	United States-Mexico-Canada Agreement	米国・メキシコ・カナダ協定
WTO	World Trade Organization	世界貿易機関

序 _章

国際ビジネスとその展開

はじめに

　現在，企業の国際ビジネスは大きな岐路に立たされている。1989年11月に
ベルリンの壁が崩壊して30年，世界経済は文字通りのグローバル化が進展し
た。その結果，アジアの発展途上国が目覚ましい経済発展を遂げた一方で，
先進資本主義国では国内の経済格差が拡大して社会の分断が進んだ。各国が
採った減税・規制緩和・小さな政府という新自由主義政策のみならず，グロ
ーバル化を推進した企業もその責任を問われているからである。

　企業の生産活動の結果生み出された財・サービスである付加価値は，賃金
や企業収益，租税等に配分される。この内の賃金等の労働者の取り分の割合
である労働分配率が，1980年代初めから低下し続けていることは周知の通り
である[1]。

　労働分配率は，個別企業レベルでは粗利益（売上高−仕入高）に占める賃
金及び福利厚生費の割合を意味するが，その低下の元凶は，企業が厳しい競

争の下で賃金コストの削減を図ったことにある。賃金コストの削減は，①正規雇用の非正規雇用への置き換え，②労働集約的工程の低賃金国への移転，③生産工程の海外移管，④AI（Artificial Intelligence：人工知能）やロボットによる代替化等で達成される。結果，各国ともに単純・不熟練労働の需要が途上国に移転して国内の雇用は空洞化し，中間層も正規雇用と非正規雇用とに分断・固定化されたのである。

　他方で，企業は，賃金コストの削減を基に積み増した巨額の内部資金を使って配当金を増やし，自社株を購入することで株主に報いた[2]。従業員への還元や投資よりも株主還元を優先したことが，付加価値の不公平な配分を通じて格差拡大に拍車を掛けたことはいうまでもない。結果，富裕層が富む一方で低所得層は貧困に喘ぐという社会の分断が各国で進行するに至ったのである。

　このままでは，企業は世界中の消費者にそっぽを向かれ，自社のビジネスも資本主義体制それ自体も持続的な発展が望めない。そうした危機感を抱いた米国多国籍企業の経営者達は2019年8月，経済格差の拡大や環境汚染を引き起こした株主最重視を反省し，企業のステークホルダー（利害関係者）である顧客（消費者）・従業員・取引先や地域社会にも配慮したビジネスに取り組むと宣言した[3]。同宣言は，翌2020年1月の世界経済フォーラム（World Economic Forum）年次大会（ダボス会議）でも多くの経営者の賛同を得たという[4]。

　果たして企業は，株主以外のすべての関係者にも配慮した国際ビジネスを展開できるのであろうか。本章では，まず企業の国際ビジネスの内容を解説し，次に日本企業の国際ビジネスを取り上げて，その展開過程を概観する。

1　国際ビジネスとは？

　企業の国際ビジネスは，①製品販売の国際化（海外市場向け輸出），②生産の国際化（海外での生産），③原材料・部品と製品の国際調達（海外からの輸入），④海外企業のM&A（Merger and Acquisition：合併・買収）と

戦略的提携，に大別される。

(1) 製品販売の国際化

　製品販売の国際化とは，自社製品を海外市場向けに輸出することである。製品の輸出は，かつては総合商社の手を借りて行われていたが，現在では多くの企業が自社の輸出部門を通じて直接輸出を行っている。

　直接輸出を行う場合に重要となるのはブランドである。ブランドの浸透が製品販売力，ひいては企業の成長力を大きく左右するからである。パナソニック（株）が，「ナショナル（National）」ブランドを欧米で定着した「パナソニック（Panasonic）」ブランドに統一し，社名も松下電器産業（株）からパナソニック（株）に変更して国際化に対応したことは，よく知られている[5]。

　なお，自社ブランドではなく，他社ブランドで生産を行うOEM（Original Equipment Manufacturing：相手先ブランドによる生産）については後述する。

(2) 生産の国際化

　次に，生産の国際化（海外での生産）とは，企業が海外の進出先で工場を設立し，現地の労働者を雇用して現地生産に乗り出すことである。これは新規の直接投資であるから，既存の現地企業を合併・買収する投資とは区別してグリーン・フィールド投資と呼ばれている。

　製造業企業による輸出の現地生産への切り換えは，輸出先との貿易摩擦の激化や為替レートの変動，日本企業にとっては円高進行による輸出困難の打開策である。前者の事例としては，対米摩擦の激化から輸出自主規制に追い込まれた自動車メーカーが，1980年代初頭に次々と現地生産に踏み切った事例が挙げられる。1985年の「プラザ合意[6]」後の円高に対応した生産・輸出拠点のNIEs（Newly Industrializing Economies：新興工業経済群，韓国・台湾・香港・シンガポールの４ヵ国・地域の総称，香港を除きNIEs 3 と表記することもある）移転は後者の好例である。

　海外進出した企業が現地の消費需要に応えるためには，生産設備や製品の

仕様・デザイン等の現地適応に加え，消費者の購買意欲をそそる製品開発が不可欠となる。そのための投資がR&D（Research and Development：研究開発）投資である。輸出が中心の段階ではR&Dは専ら国内で実施されてきたが，現在ではR&Dのために海外進出して現地の技術者や研究者を雇用することや，特定のR&Dを海外企業に委託することも珍しくない。

(3) 部品・原材料と製品の国際調達

　国際ビジネスが輸出中心の段階では，輸入はあまり重要ではなかった。しかし段々と輸入の重要性が大きくなり，今日では輸入は国際調達とも称されている。国際調達には部品・原材料の輸入と製品の輸入がある。

　部品・原材料は部材ともいわれる。日本は輸入原材料を加工して製品を輸出する加工貿易国として発展したので，部材には輸入品が多かった。原油・石炭・鉄鉱石・木材等であるが，現在では繊維・化学品・鋼材・電子部品・自動車部品といった半製品や部品類が多く輸入されている。これらは工業製品であるから，貿易統計上は製品輸入比率（輸入全体に占める製品輸入の割合）を引き上げる。ちなみに同比率は現在60％，日本の輸入品の過半は工業製品なのである。

　ところで，部材，特に部品の調達の背景には複雑な生産事情が隠されている。というのは，多くの部品は国内外を問わずそれぞれの最適地で生産され，1工場では完結しないからである。3万点の部品を組み立てる自動車産業では，数万社に上る国内外の部品メーカーが，一次・二次・三次下請けと，重層的に連なるグローバルな部品供給網を形成しているといわれている。

　こうした部品調達網をサプライチェーンと呼ぶことがあるが，本来のサプライチェーンは企業の部材の調達に止まらず，その生産，加工組立と製品の販売までの一連の過程における物流と，関連する情報の流れとを指す用語である。

　企業が，部材や半製品ではなく最終製品を輸入調達することもある。企業が素材・品質・デザイン等に関して独自の仕様書を作って海外企業に生産を委託する開発輸入がそれで，商社や大手スーパーが衣料品・食品・家具・玩具・家電製品等の調達に広く利用している。

海外企業への生産委託で，家電メーカーが利用するのはOEMである。これは，自社の海外子会社やNIEs企業に，自社ブランドの一部の製品を委託生産させるものである。自社は高付加価値品の生産に特化，普及品はOEM調達することで自社ブランドの品揃えを図るのである。

　開発輸入やOEM調達の委託先は日本企業の海外子会社や海外合弁・提携企業であることが多い。こうした日系企業からの製品輸入は製品逆輸入と呼ばれている。円高局面で盛んに利用され，日本の製品輸入比率の上昇に貢献した。

　近年，電子機器の調達によく利用されるのはEMS（Electronics Manufacturing Service：電気電子機器受託製造サービス）である。電子機器・部品産業には，生産設備を持たず製品の設計・開発に専念するファブレス（Fabless）企業も多い。製品の製造は専ら外部委託（アウトソーシング）であるが，海外企業への外部委託はオフショアリングという。オフショアリングを受けて生産を担うのがEMSで，工場は通常中国内に設けている。2016年4月にシャープを買収した台湾の鴻海精密工業も中国の工場でスマートフォンや薄型テレビを受託生産する世界最大手のEMS企業である。

⑷　海外企業のM&Aと戦略的提携

　最後に，海外企業のM&Aと戦略的提携に触れておこう。

　企業は，新規事業や販売市場の開拓，あるいは破綻企業の救済を目的に海外企業を合併・買収することがある。既存企業を合併・買収するための投資はM&A投資と呼ばれるが，近年は，日本企業が海外企業を買収する事例も多くなっている。

　この場合，海外の既存企業の生産設備や従業員はもちろん製品の販売ルートまでも活用できるのであるから，すべて自前で現地生産するよりもずっと手っ取り早い。とはいえ，相手に歓迎されない敵対的買収は，買収から経営を軌道に乗せるまでに多大の時間を要し，結果的に失敗に終わることも少なくない。

　合併・買収とともに，国際的な戦略的提携も増えている。多いのは，製品技術や生産技術を相互に共有することで，パートナーとなる海外企業と持続

的な提携関係を構築することである。この場合，提携するのは特定の製品や技術，あるいは販売地域であり，それ以外では競争する。戦略的提携には資本関係のない場合と資本関係を伴って合弁会社を設立する場合がある。

1984年のトヨタとGM（ゼネラルモーターズ）との折半出資の合弁事業は，トヨタがGMの工場を使って小型車を生産し，GMのディーラーを通じて米国内で販売したが，資本関係を伴った戦略的提携の好例である。競合するトヨタとGMが米国市場では提携することで，トヨタは販売増と現地生産の経験・ノウハウを，GMは小型車の生産技術とノウハウをともに獲得したというわけである。

以下では，企業のこれら国際ビジネスの実際の展開過程を見てみよう。

2 国際ビジネスの展開 I

(1) 貿易摩擦と現地生産

日本企業が国際ビジネスを本格的に展開するのは，企業間の競争が国際市場を舞台に激化するに至ったからである。競争に伍して勝ち残るために企業は，最適地で生産された部材を調達して加工組立し，出来た製品の売上を伸ばしてスケールメリットによる利潤の極大化を図る。そのためには国境を超える多国籍化が不可避である。実際，日本企業は世界最大の消費市場である米国市場に輸出攻勢をかけて米国企業との間で摩擦を生じた結果，自動車メーカーに典型的に見られるように，現地生産へと舵を切ったのであった。

日本は1960年代後半から，最大の輸出市場である米国との間で軋轢を生じてきた。安価な日本製品による米国市場の席巻が原因の貿易摩擦である。貿易摩擦は繊維・鉄鋼・カラーテレビと続き，1980年代に入ると自動車を巡って激化した。1970年代の2度に及ぶオイルショックでガソリン価格が高騰した米国では，燃費の良い日本製の小型車が市場を席巻した。結果，米国の自動車メーカーのビッグスリーとの軋轢が激化し，日本メーカーは1981年から対米輸出数量を年間168万台に自主規制することになった。

このような状況の中で販売台数を増やす方途は現地生産である。生産に占める対米輸出比率が40％と高かったホンダがまず対米進出に踏み切り，1982年11月にオハイオ州でアコードの現地生産を始めた。1983年6月に日産が続き，テネシー工場の操業を開始した[7]。トヨタはGMの提携打診に応え，GMの工場を使って1984年2月に折半出資による合弁生産を始めた。GMとトヨタとの，米国市場に限定した戦略的提携である。生産されたトヨタ製小型車はGMのディーラーを通して販売された。

　1986年1月にトヨタは，ケンタッキーとカナダのオンタリオ州に単独進出を果たし，1988年に，輸入に頼っていたエンジンとアクスル（車軸）の現地生産に備えた投資を行った[8]。自動車の組立に加えて基幹部品も現地生産に切り替えることで，貿易摩擦を回避すると同時に進行中の円高の回避をも狙ったのである。

　自動車メーカーの他にも，家電メーカー等の大企業も対米進出を果たして貿易摩擦を回避したが，一般の多くの企業は，輸出先である米国ではなくNIEsに進出し，NIEsから対米輸出を続ける迂回生産・輸出の方途を採った。労働集約的工程を高賃金の米国内に持ち込むことは考えられず，進出先として比較的生産性は高いが賃金の低廉なNIEsを選択したのである。

　香港・シンガポールは関税のない国際自由港都市，韓国・台湾も輸出向け輸入部材・設備機器の関税免除を謳った輸出加工区を設置して外資企業の誘致を図っていたことも無視できない。

　こうして日本企業は，米国との摩擦を回避する途としてNIEsに生産・輸出拠点を移転させたのである。次に見るように，円高が進行すると，円高回避の動きも加わり，日本企業のNIEsへの進出は加速した。

(2)　円高と生産・輸出拠点の移転

　当時の米国レーガン政権は，小さな政府と大幅な企業減税及び規制緩和で企業に活力を取り戻し，強いアメリカを再生しようと企図した。しかし，軍備拡張で予算は膨張するも，減税と不況による税収の縮小で財政赤字が大幅に拡大，貿易赤字との「双子の赤字」に陥った。財政赤字は国債の増発で賄われたが，金利が急上昇した結果，日本の保険会社をはじめとする海外から

の投資資金が大量に流入し，為替レートはドル高＝円安に振れた。日本から
の輸出攻勢は止まず，米国の双子の赤字も解消しなかった。

　結局，1985年9月の「プラザ合意」を受けて各国が「ドル安誘導」の方向
で為替介入することになり，以後日本円は急騰した。「プラザ合意」直前の
1ドル＝242円が同年末には1ドル＝203円に上昇，1988年1月には1ドル＝
121円となり，円はわずか2年余りで100％も切り上がった。

　円高は輸出品のドル表示価格を引き上げる。輸出企業が製造コストの削減
に努めて円高分を吸収できればよいが，円の切り上げ幅が大きければ輸出価
格の引き上げは不可避である。競争力を維持する方途は，現地生産に切り換
えて円高を回避することである。実際，円高であれば進出コストもその分安
上がりとなる。

　円高の回避先としてNIEsが選ばれたのは，低賃金で，通貨がドルにリン
クしていて円高と無縁だっただけではない。当時のNIEsはすべて米国から
発展途上国の認定を受け，GSP（Generalized System of Preferences：一般
特恵関税制度）の適用を受けていた。つまり，NIEsの工業製品には関税が
事実上免除されていたのである。こうして日本企業は，韓国・台湾をはじめ
としてNIEsに陸続と進出し，米国市場向け輸出品の現地生産に乗り出した。
安価なNIEs製品が米国市場を席巻したことはいうまでもない。当然摩擦は
激化した。

(3)　NIEsの対米摩擦激化と生産・輸出拠点の再移転

　米国はまず，ドル・リンクのNIEs通貨の切り上げを要求した。次いで
1987年からはNIEsに対するGSPの供与枠を削減，1989年からは卒業条項を
適用してGSPを打ち切ったことで，NIEsからの輸入品に関税が課されるこ
とになった。それだけではない。韓国・台湾ともに民主化に向けた動きが始
まり，賃金上昇も必至となった。NIEsからの対米輸出は極めて困難になっ
たのである。

製造業企業の対外投資件数 （単位：件，%）

年度	NIEs	ASEAN	中　国	ASEAN+中国	世界計
1985	164 (22.8)	86 (12.0)	51 (7.1)	137 (19.1)	718
1986	322 (32.8)	90 (9.2)	38 (3.9)	128 (13.0)	981
1987	478 (30.8)	238 (15.6)	58 (3.8)	296 (19.4)	1,528
1988	365 (20.3)	439 (24.4)	116 (6.5)	555 (30.9)	1,798
1989	289 (15.8)	495 (27.1)	86 (4.7)	581 (31.8)	1,829
1990	154 (10.1)	467 (30.6)	113 (7.4)	580 (38.0)	1,528
1991	141 (10.6)	383 (28.8)	178 (13.4)	561 (41.9)	1,328
1992	101 (7.7)	256 (19.4)	381 (28.9)	637 (48.3)	1,318
1993	112 (8.1)	247 (17.8)	579 (41.7)	826 (59.4)	1,390
1994	86 (7.0)	262 (21.2)	558 (45.3)	820 (66.5)	1,233
1995	125 (7.9)	422 (26.6)	675 (42.5)	1,097 (69.0)	1,589
1996	86 (7.0)	412 (33.5)	303 (24.7)	715 (58.2)	1,229
1997	146 (13.5)	340 (31.5)	187 (17.3)	527 (48.8)	1,079
1998	82 (13.8)	149 (25.1)	80 (13.5)	229 (38.6)	594
1999	82 (13.3)	168 (27.2)	62 (10.0)	230 (37.3)	617
2000	92 (17.3)	121 (22.7)	90 (16.9)	211 (39.6)	533
2001	51 (9.5)	112 (20.9)	167 (31.2)	279 (52.1)	536
2002	57 (8.9)	96 (15.0)	227 (35.4)	323 (50.4)	641
2003	60 (10.0)	110 (18.2)	267 (44.3)	377 (62.5)	603
2004	76 (11.7)	92 (14.2)	304 (46.8)	396 (61.0)	649

注：シンガポールはNIEsに分類。
出所：大蔵省『国際金融局年報』各年版，財務省「直接投資届出統計」。

　日本企業のNIEsからの再移転先は，ASEAN（Association of Southeast Asian Nations：東南アジア諸国連合）と中国である。厳密にいうと，ASEAN進出が先行した。中国へは1989年の天安門事件で気勢を殺がれるが，1992年に「社会主義市場経済」（第1章参照）を標榜して「改革開放」を本格化させた結果，ASEANを上回る勢いで進出が始まるのである。

　図表序-1にも示されるように，1986・1987年とNIEsに押し寄せた日本企業は，1988年からはASEANに向かい始めた。1990年代に入るとASEANとともに中国に進出する企業も増え，1993年以降は中国への進出が本格化した。1995年にはASEAN・中国への投資が全盛期を迎え，進出件数全体の70％を数えた。

　日本企業だけではない。NIEs企業も後を追い，欧米企業も陸続とASEAN・中国に進出した。2001年に中国がWTO（World Trade Organization：世界貿易機関）に加盟して市場開放に踏み切ると，中国への進出が急増した。企業

進出を受けて工業発展を続ける中国は,「世界の工場」と称されるに至った。

3 国際ビジネスの展開Ⅱ

(1) ASEAN・中国の工業化と国際分業

　図表序-2は,日本のASEAN4ヵ国及び中国からの輸入構成を示している。これによれば,1985年と2000年の15年の間に極めて大きな変化が生じたことが明らかとなる。それは,ASEAN4ヵ国と中国がともに製品の割合を大きく上昇させていることである。詳しく見てみよう。

　1985年の統計数値から窺えることは,インドネシアとマレーシアは日本の燃料供給地,またマレーシアはフィリピン・タイとともに原料供給地でもあり,フィリピン・タイは食料供給地でもあった。それが2000年の数値では,インドネシアを除いていずれも工業製品の供給地へと変貌を遂げている。中国も同様に,燃料供給地から工業製品の供給地と化している。

　換言すれば,日本企業や後を追ったNIEs企業がASEAN・中国に米国向け生産・輸出拠点を設けた結果,ASEAN・中国の工業発展が急速に進展したということである。では,どのような工業化が展開されたのか,その内実を見よう。

　当時の,中国に進出した外資系企業のビジネス活動は「両頭在外」と称された。海外(本国)から輸入した部材を加工して製品を海外(米国)に輸出する典型的な加工貿易である。

図表序-2　日本の輸入品目構成(1985・2000年)　　　　　　　　　(単位:%)

	インドネシア 1985	インドネシア 2000	マレーシア 1985	マレーシア 2000	フィリピン 1985	フィリピン 2000	タ イ 1985	タ イ 2000	中 国 1985	中 国 2000
燃料	87.4	51.1	54.7	22.4	-	1.3	-	-	45.8	3.9
原料	4.8	10.2	34.7	6.2	42.8	5.4	33.0	6.1	12.8	2.7
食料	3.5	6.9	1.4	1.0	34.6	10.0	39.2	20.9	14.4	10.7
製品	4.2	31.7	7.5	70.1	21.9	83.2	27.0	72.1	24.7	82.7

出所:通産省『通商白書』(各論)1986年及び2001年版より算出。

　　在中国外資系企業の輸出入構成　　　　　　　（単位：億ドル，％）

	輸出総額	加工輸出	輸入総額	部材輸入	設備輸入	付加価値	同率
1995	468.8	391.8	629.4	344.1	187.4	47.7	12.2
1996	615.1	486.0	756.0	377.6	248.6	108.2	22.3
1997	749.0	576.6	777.2	429.0	179.2	147.6	25.6
1998	809.6	619.6	767.2	432.1	145.0	187.5	30.3
1999	886.3	641.6	858.8	452.8	110.8	188.8	29.4
2000	1,194.4	841.0	1,172.7	588.9	130.9	252.1	30.0
2005	4,442.1	3,029.4	3,875.1	1,930.0	288.3	1,099.4	36.3
2010	8,623.1	5,541.4	7,380.0	2,882.3	171.5	2,659.1	48.0
2015	10,047.3	6,123.0	8,298.9	3,035.7	67.3	3,087.3	50.4
2018	10,360.2	5,829.7	9,320.5	3,131.1	44.3	2,698.6	46.3
2019	9,660.6	5,324.8	8,578.5	2,632.5	56.6	2,692.3	50.6

出所：中国海関総署『中国海関統計月報』各年12月。

　図表序－3の貿易統計を基に，加工貿易の内容を見ておくと，例えば1995年は，輸入部材344.1億ドルを加工，製品を391.8億ドルで輸出しているから，中国での付加価値額は47.7億ドルである。付加価値率（製品に占める付加価値の割合）はわずか12.2％である。付加価値が小さいのは労賃が低廉だからである。だからこそ日本企業の加工貿易ビジネスが成り立つのである。低付加価値では加工組立用の生産設備機器の輸入が賄えず，生産設備機器の輸入が旺盛な段階では貿易収支が大幅な赤字を計上することはいうまでもない。

　中国の加工貿易の付加価値はその後増大し，付加価値率も上昇する。その意味するところは，部品メーカーの中国進出や中国企業の参入の結果，中国内で調達可能な加工組立用部材が増えたことから，外資系企業による部材の現地調達が増大したのである。とはいえ，中国の付加価値は高々50％である。残り半分の付加価値は海外から輸入調達した部材に帰属している。ここから，現在係争中の米中貿易摩擦は米国と中国だけの問題でないことが明らかとなる。

　米国のトランプ政権は中国からの輸出攻勢を問題にしているが，加工組立品に関する限りでは，米国の対中輸入の半分は中国以外の国々で生産され価値が付加されている。関与したのは日本企業やNIEs・ASEANの企業，あるいは米国の企業かも知れない。貿易摩擦といっても，部材の調達網が複雑化している現代では，かつての日米貿易摩擦と同列に扱うことはできないの

である。

(2)　日本の製品輸入と工程間分業

　次に，**図表序-2**から明らかなことは，日本企業が工業化の進展した
ASEAN・中国から工業製品を輸入調達していることである。このことは，
日本の貿易統計では製品輸入比率の増大となって表れる。1990年代末以降，
日本の製品輸入比率は60％に高まるのである。

　図表序-4は日本の製品輸入の地域別構成を示している。同表からは，生
産拠点を海外に移転させた日本企業が円高メリットを得るために，子会社や
合弁・関連企業の現地生産品を米国に向けるとともに日本にも持ち帰ってい
ることが判明する。製品逆輸入である。米国からは自動車が逆輸入された。

　逆輸入も含む製品輸入先として，NIEsに加えてASEAN・中国の役割が
急速に増大していることも同表から明らかである。その意味するところは，
日本－NIEs－ASEAN・中国の間で技術集約工程と労働集約工程とを分割
した工程間分業が構築されていることである。具体的に説明しよう。

　円高の定着から，日本企業が自社での生産を基幹部品に集中し，これまで
内製か，国内の下請けから調達していた汎用部品を海外企業，子会社や
NIEs企業からの調達に切り換える。そうして，これら基幹部品と汎用部品
を労賃の安いASEANや中国の現地子会社で組み立て，出来た製品は米国市
場に輸出するとともに日本にも逆輸入するのである。円高を活用したコスト
削減である。

　こうした工程間分業は，時間の経過とともにますます複雑化する。という

図表序-4　日本の製品輸入の地域別構成　　　　　　　　　　　　　　　（単位：％）

	米国	EU	NIEs	ASEAN	中国	世界
1990	27.5	26.1	16.1	4.9	5.2	100
1995	25.2	21.5	16.7	9.2	14.0	100
1998	28.1	19.3	13.8	10.4	17.2	100
2000	22.8	17.5	16.7	12.5	19.6	100
2003	17.6	17.9	14.0	11.8	27.8	100
2005	15.2	16.9	14.4	10.9	31.7	100

注：シンガポールはNIEsに分類，ASEANはインドネシア・マレーシア・フィリピン・タイの4ヵ国。
出所：日本貿易振興会『日本の製品輸入』各年版，通産省『通商白書』。

のは，構造的に複雑な基幹部品でも標準化が進んで海外調達が可能となれば，企業は迷わずオフショアリングを多用して円高差益を得ようとするからである。

　機能ごとに区分けした部品の集合体をモジュール（module）というが，モジュール相互の接続面が標準化されるというようにモジュール化が進むと，モジュール相互の結合や部品の組込みが容易になる。結果，生産工程はモジュールごとに分割され，その部品もまた各々が最適地で生産されるに至る。生産工程が分割されて外注が増えれば輸送コストは増大するが，それでも分割された生産工程が最適地で担われ，全体としてコストが削減されるのであれば，連鎖状に連なる部品供給網は複雑に長く伸びることになる。

　部品供給網は複雑に重層化し，国境を超えて拡大するに従い脆弱となることは避けられない。災害や感染症の発生等で特定地域の１工場が操業を停止するだけで部品供給網は寸断され，製品の組立ては出来なくなる。実際，2002年11月に中国広東省で発生したSARS（Severe Acute Respiratory Syndrome：重症急性呼吸器症候群）の影響で操業停止を余儀なくされた日本企業の中には，中国外に代替工場を設けて危機に備える「チャイナ＋１」の動きも見られた。

　新型コロナウイルスによる感染症の拡大が原因で，中国湖北省武漢の工場は操業停止となった。その影響を受け，中国内はもちろん日本・韓国等の自動車メーカーや機械機器メーカーまでが生産ラインを止めざるを得なかったのも，部品調達網で相互につながっているからである。

4　少子高齢化と国際ビジネス

⑴　ボリュームゾーンと帰国後需要ビジネス

　周知のように，日本社会は少子高齢化が急速に進行し，人口はすでに減少，市場自体が縮小している。国内市場向けに商品を販売してきた内需型企業は，国内市場の代替補完市場を何処に求めるのであろうか。考えられるのは次の

序章　国際ビジネスとその展開　13

2つの市場である。1つは中国やNIEs・ASEAN等東アジアの中間所得層が形成する消費市場，いま1つはFTA（Free Trade Agreement：自由貿易協定）の締結によって日本市場と統合された域内市場である。

　前者の消費市場から見てみよう。東アジアの中間所得層が形成する消費市場は，当該地域の経済発展の結果，急速に厚みを増している。1つの市場を形成するほどに大きな層を成しているのでボリュームゾーンと称されている。彼らは所得が高いだけではなく，急速な都市化の進行の結果，ライフスタイルも日本人とほぼ同じである。それを象徴するのが，日本国内では減少に転じたコンビニエンスストアの店舗数の東アジアでの急増である。

　ちなみに，最大手セブン‐イレブンの2019年12月末時点の全店舗数は7万207店を数えるが，内アジアは3万6,261店と過半に達し，北米地域の3倍である[9]。ボリュームゾーンの消費市場は日本市場の代替補完市場となり得よう。

　海外から日本への旅行者は3,000万人を超えた。そのインバウンド消費額は4.8兆円（2019年）に達し，宿泊業・運輸交通業や小売業の売上に大きく貢献しているが，その過半を占めているのがボリュームゾーンの人々である。彼らはアジアで人気の日本製の食品や化粧品・日用雑貨品を家族・知人や自身への土産として購入し，帰国する。自社製品を帰国後も継続して消費してもらえれば，新たな国際ビジネスが考えられよう。帰国後需要ビジネスである。

　その成功の鍵はブランド力である。化粧品メーカー最大手の資生堂は，シンガポールのチャンギ空港内10ヵ所以上に化粧品売り場を設け，効率的に資生堂ブランドの浸透を図っている[10]。コーセーもアジアの消費者に浸透した「雪肌精」ブランドを武器に，帰国後需要ビジネスを展開している。両化粧品メーカーともに日本国内に工場を新設し，増産に踏み切ったという[11]。

⑵　FTAと国際ビジネス

　FTAとは，関税や貿易の妨げとなる関税以外の障害（非関税障壁と呼ばれる）の期限内撤廃を約束した協定である。協定締結国は相互に輸入関税を撤廃するので，それぞれの市場は1つに統合されて共同市場が形成される。

協定締結国の企業の前には，相手国市場も包摂した広大な域内市場が出現することになる。

　日本のFTA[12]について見ておくと，2020年1月末現在で締結発効済みのFTAは18協定[13]，そのカバー率（貿易総額に占める締結国との貿易額の割合）は52%である。換言すれば，日本企業は発効済みのFTA網を利用することで競争力を高め，ビジネスチャンスと大きな利益を手に入れられるのである。

　ところで，企業の国際ビジネスにとっては，二国間のFTAより多国間で締結されたメガFTAの方が利用メリットは大きい。というのは，多国間のFTAの方が原産地規則に定める基準を満たしやすいからである。具体的に見てみよう。

　FTAは協定締結国の間でだけ相互に関税を撤廃する旨の協定であるから，輸入品が締結国の原産品か否かを判定する原産地規則を設けている。多くの部品から成る機械機器類の判定には付加価値基準が適用される。例えば，付加価値率40%以上で原産国と認定される場合，第三国からの輸入部材であっても，加工組立等で40%以上の付加価値を付ければ原産品となり，関税は免除される。

　多国間のFTAであれば，域内の付加価値を積算して40%以上の基準を満たせばよいが，これが累積条項である。日本がASEAN各国とは別にASEAN全体とのFTAを締結したのも，累積条項の利用を考えてのことである。

　FTA網を上手く利用しているのは自動車メーカーである。NAFTA（North American Free Trade Agreement：北米自由貿易協定，1994年発効）が締結されてメキシコ・カナダと米国間の自動車の輸出入に関税がなくなり，日本とメキシコとのFTA締結（2005年発効，2012年改訂発効）で，日本からメキシコへの自動車部品や生産設備の輸入にも関税が課されなくなった。

　メキシコはEUや南米諸国等多くの国とFTAを締結している。当然，日本メーカーはメキシコを対米自動車生産・輸出拠点とした。だが，トランプ政権がNAFTA見直しを提唱し，新たにUSMCA（United States-Mexico-

Canada Agreement：米国・メキシコ・カナダ協定）が締結された。結果，米国に関税なしで輸出するには，部品の域内調達率75％以上を達成し，乗用車１台の40％は時給16ドル以上の工場で生産，鉄鋼・アルミ製品の70％を域内調達という厳しい条件が課された。域内部品調達率70％のトヨタは自動変速機ユニットを，日産はエンジンを，ともに対日輸入から米工場製に切り換えて対応するという[14]。部品や素材のメーカーも新たな調達網への再編が必至である。

　このように企業の国際ビジネスに影響の大きいFTAであるが，実際には企業のFTA利用は低調である。JETRO（Japan External Trade Organization：独立行政法人日本貿易振興機構）の調査（2018年）によると，FTA締結国への輸出企業（1,472社）の内，FTAを利用して輸出した企業の割合は48.2％，半数に満たない。ところが，韓国の利用率は73.5％である[15]。日本は大企業でも６割だというから，みすみす利益を見逃していることになる。

　原因は当該品が日本製であるとの証明等手続きが煩雑なことにあるようだが，輸出数量が少なければ利用するメリットは小さい。日本に比べて韓国の利用率が高いのは，元々国内市場が狭いことに加え，中国とすでにFTAを締結して広大な域内市場を有するからであろう。日本も懸案の日中韓FTAを締結すれば，身近に大きな域内市場が出現し，中小企業のFTA利用ビジネスも活発化しよう。

おわりに

　企業はグローバル化して世界各地で日々国際ビジネスを展開し，巨額の売上を誇っているが，他方でその租税回避の実態も明らかになり，国際社会は企業に厳しい目を向けるようになった。最後に，この問題に触れて結びとしよう。

　多国籍企業がタックスヘイブン（tax haven：租税回避地）と称される無税ないし低税率地域に子会社を設置し，企業内取引を通じて同子会社に利益を集めて租税回避を図ることはよく知られている。これに対して税務当局は，タックスヘイブンの子会社が実体のないペーパーカンパニーであると認定す

日本	米国	ドイツ	中国	韓国	英国	シンガポール	アイルランド	オランダ
29.74	27.98	29.89	25.00	24.20	19.00	17.00	12.50	25.00

出所：財務省調べ。

れば，「外国会社合算税制」を適用し，同子会社の利益を合算して課税することで，不当な租税回避を阻止することになる。

　租税回避地を使わずとも，通常とは異なる価格（移転価格）で取引し，高税率国の利益を低税率国に移転して税の軽減を図ることも関連企業間では行われている。日本の実効税率（地方税も含めた実質税率）は30％と高く（**図表序-5**参照），移転価格での取引で税務当局は徴収すべき税を取り損なうことになりかねない。これを防ぐのが移転価格税制（transfer pricing taxation）である。

　海外の関連企業との取引価格が異常に高い，または低い場合に，税務当局は通常価格（独立企業間の取引価格）で取引されたと看做して課税所得金額を算定することになるが，価格の妥当性が問題となり訴訟となることも少なくない。

　以上，企業の租税回避と税務当局による対応を紹介したが，問題は，徴税制度の欠陥を利用したグローバル企業による世界規模の租税回避である。米国IT企業は各国から巨額の売上を得ているが，現地法人や支店は設置していないので，米国以外の売上はすべて税率の低いアイルランド法人に一括計上する。各国に売上に応じた納税をしないのであるから，租税回避である。

　この結果，日本の上場企業の平均税負担率（利益に占める税負担の割合）28％に対して，米国IT企業のそれは低く10％台に過ぎない[16]。これらグローバル企業に適正課税しようとOECD（Organization for Economic Cooperation and Development：経済協力開発機構）は，ビジネス拠点がなくても売上に課税できる消費地ベース課税方式へ変更する意向だという[17]。

　企業にとって納税は避けるべきコストではなく社会的義務である。グローバル企業が自主的に消費地ベースで納税すれば，すべてのステークホルダーに配慮したビジネスに取り組むとの宣言が，正しく実行に移された証しとなろう。

注

1　IMF [2017].
2　日本企業による自社株買いは，18年度 7 兆円，19年度は10兆円超と巨額となっている（『日本経済新聞』2019年 9 月30日）。
3　『日本経済新聞』2019年 8 月21日。
4　『日本経済新聞』2020年 1 月23日。
5　同社ホームページ（https//www.panasonic.com）。
6　ニューヨークのプラザ・ホテルで先進 5 ヵ国蔵相・中央銀行総裁会議が開かれ，各国はドル安誘導で合意した。
7　「自動車歴史館」（https://gazoo.com/car.history/）。
8　「トヨタ自動車75年史」（www.toyota.co.jp/jpn/company/history/75years/）。
9　「流通ニュース」2020年 1 月20日。
10　『日本経済新聞』2019年 8 月17日。
11　『日本経済新聞』2019年 4 月26日。
12　日本のFTAは貿易・投資や人の移動の自由化，知的財産権の保護等まで含む包括的な協定であるからEPA（Economic Partnership Agreement：経済連携協定）と称している。
13　内訳と締結年は次の通りである。シンガポール（2002），メキシコ（2005），マレーシア（2006），チリ・タイ（2007），ブルネイ・フィリピン・インドネシア・ASEAN（2008），スイス・ベトナム（2009），インド（2011），ペルー（2012），オーストラリア（2015），モンゴル（2016），TPP11（2018），EU・TAG（2019）。ただし，TAG（日米物品協定）はFTAの要件を満たしていないので，締結数に算入しない場合もある。
14　『日本経済新聞』2019年12月13日。
15　『日本経済新聞』2019年 8 月17日。
16　『日本経済新聞』2019年12月30日。
17　『日本経済新聞』2019年10月10日。

引用・参考文献

IMF［2017］，'Understanding The Downward Trend in Labor Income Share', Chapter 3, *World Economic Outlook*, April 2017.
猪俣哲史［2019］『グローバル・バリューチェーン―新・南北問題へのまなざし』日本経済新聞出版社。
小川雄平［2006］『東アジア地中海経済圏』九州大学出版会。
ピケティ，トマ（尾上修悟訳）［2020］『不平等と再分配の経済学―格差縮小に向けた財政政策』明石書店。
本多健吉・小川雄平編［1994］『アジア経済の現代的構造』世界思想社。
山家悠紀夫［2019］『日本経済30年史―バブルからアベノミクスまで』岩波新書。
吉原英樹［2015］『国際経営〈第 4 版〉』有斐閣。

INTERNATIONAL
BUSINESS

I

第 I 部

国際ビジネスの
環境を学ぶ

第 **1** 章

中国のWTO加盟と世界経済

はじめに

　今日の国際ビジネスの環境を語るうえで中国は欠かせない存在となっている。特に，貿易摩擦に象徴される経済の領域では，米国との厳しい対立が注目されている。「冷戦」終結後一人勝ちの状態にあった米国の国益に対して重大な脅威となっているばかりか，戦後の国際秩序に対する「挑戦者」とも映っているようだ。中国は，WTO（世界貿易機関）加盟後は国際社会の一員として歩むと同時に自らの国益の追求と既存の国際経済の枠組みを改革し，更なる経済発展を目指していることを隠そうとしない。こうした世界経済の構造変化について，中国の経済発展と国際社会への対応であるWTO加盟という視点から切り込むことは重要な意義があると思われる。

　そこで本章では，国際ビジネスにとって外部環境となる世界経済が，中国のWTO加盟の結果どのように構造変化したのかについて検討したい。

　そのために，第1節では，中国が自称する社会主義市場経済とはどのよう

なものか，第2節では，中国のWTO加盟前後はどのような状況であったのか，第3節では，加盟後の中国はどのような対外経済政策を採り，世界経済にどのような影響を与えたのか，について検討する。

1 社会主義市場経済の中国

　社会主義市場経済の概念を理解するためには，社会主義経済と資本主義経済の仕組みの違いについて理解する必要がある（**図表1-1**）。両者の特徴は，主として所有制と資源配分メカニズムに現れる。資本主義経済では，私的所有権が認められ，経済主体の意思決定が自由であり，市場による資源配分が行われる。これに対して，社会主義経済においては，所有制としては国家所有を基本とし，国家による意思決定がなされ，国家の計画の下で資源配分が行われる。

　中国は第一次5ヵ年計画期に社会主義経済に移行したが，結局のところ，改革開放政策へと転換して市場メカニズムの導入に踏み切らざるを得なくなった。1980年代には様々な経済改革の目標とされるモデルが提示された。1992年，鄧小平が「南巡講話」の際に「社会主義市場経済」の概念を表明し，この概念が翌年の中国共産党大会で正式に中国の経済改革の目標モデルとして承認された。

　その特徴は，外資系企業の進出や私営企業の形成等，所有構造の多様化を背景に，「現代企業制度」の確立・国内統一市場の形成及び間接的な経済調節システムの確立という3つの柱にある。米国や西欧諸国の市場経済との違いは，国有と集団所有を合わせた概念である「公有制」が主体的地位を占めること，及び党・政府の市場に対する関与が強いことであろう。

図表1-1　資本主義経済，社会主義経済と社会主義市場経済の比較

		資本主義経済	社会主義経済	社会主義市場経済
経済体制	所有制	私的所有	国家所有	国有・集団所有と私的所有
	資源配分	市場	計画	政府の介入と市場
政治体制		民主主義	一党独裁	一党独裁

出所：南・牧野編［2016］29-30頁等により作成。

ここで「現代企業制度」は，国有企業に株式会社等の近代的な「公司」（会社）制度を導入して自主的な経営を認めるものである。この制度の確立の過程で，1997年に国有資本の戦略的再編が実行に移された。「大を摑み，小を放す」といわれる政策で，国民経済の根幹に関わる中央の国有大企業を確実に管理し，地方の小型国有企業は売却やリース等の形で民営化するというものであった[1]。その結果，中央政府が管理する国有大企業は大幅に減少し，通信，エネルギー（電力・石油・石炭），交通（海運・航空）等の基礎産業に集中した。

　改革開放から1990年代末までの中国経済の到達点については，類を見ない高成長が持続したこと，それによりGDP（Gross Domestic Product：国内総生産）で世界第2位の経済大国に躍進したこと，財の貿易でも世界第1位になったこと等が評価される。しかし，改革開放後の経済成長率は十数％から4％程度と激しい変動を繰り返した。国際経済との連携は未だ十分ではなく，あくまで国内改革の成果といえよう。

2　中国のWTO加盟

⑴　WTOとは何か

　GATT（General Agreement on Tariffs and Trade：関税及び貿易に関する一般協定）は1947年に発効した多国間協定である。1929年に始まる世界恐慌の際，保護貿易政策の蔓延によって貿易が縮小し，第二次世界大戦を引き起こす要因の1つになったという反省から締結された[2]。ブレトン・ウッズ協定により，IMF（International Monetary Fund：国際通貨基金）とIBRD[3]（International Bank for Reconstruction and Development：国際復興開発銀行）が設立されたが，自由貿易振興のための国際貿易機関の設立には至らなかった。そこで，暫定的な多国間協定として発足したのがGATTである。GATTは「ラウンド」と呼ばれる多角的貿易交渉によって各国の関税水準を引き下げ，貿易の拡大を推進した。

WTOは，GATTのウルグアイ・ラウンド交渉での合意を基に1995年に発足した。両者の違いは，GATTが主として財の貿易に関する関税率について協議したのに対して，WTOは第一にサービス貿易や非関税障壁を含む幅広い分野について協議していること，第二に知的所有権の保護に関する取り決めについて協議していること，第三に紛争処理システムを持ち，貿易における法の支配をより強めたこと，である。また，発展途上国問題や環境問題に取り組むことも強調している。

WTOの最大の目的は，市場経済の原則に基づいて世界経済の発展を図ることであり，GATTから自由貿易の精神を受け継いでいる。WTOは貿易障壁の軽減，無差別原則の適用及び多角的貿易体制を軸に包括的な貿易ルールを定めている。貿易障壁の軽減については「数量制限の一般的廃止」及び「合法的な国内産業保護手段としての関税」が，無差別原則では「最恵国待遇」及び「内国民待遇」が基本原則となっている。

ただし，例外的な規定も認められている。その1つは，貿易救済措置であり，アンチダンピング（不当廉売）措置やセーフガード（緊急輸入制限）措置等が知られている。もう1つは，WTOには発展段階の異なる国・地域が加盟していることから，途上国には「特別かつ異なる待遇」なる例外が設けられていることである。

WTOの自由化交渉の枠組みは「ラウンド交渉」という多角的交渉である。2001年11月から開始された「ドーハ開発アジェンダ」はドーハ・ラウンドとも呼ばれ，WTOとして初めての交渉であった[4]。ラウンドで取り扱うルール分野は関税，アンチダンピング，補助金・ライセンシング，サービス，農業，知的所有権，紛争解決処理，貿易円滑化，環境及び電子商取引に及んでいる。

ただ，近年では，一括合意方式を採っていることや合意がすべての国・地域に同時に適用されること等が問題とされ，複数分野で協議が決裂している。そこで，より少ない国・地域で締結できるFTA（自由貿易協定）やEPA（経済連携協定）といった二国間協定を締結する傾向が見受けられる。

(2) 中国のWTO加盟への道のり

中国は，1947年GATT発足当時には中華民国として加盟したが，1950年

に国民党政府を台湾島に移した際に脱退の道を選択した[5]。中華民国に代わって中国大陸を統治した中華人民共和国は，1971年に国連における合法的権利を回復して安全保障理事会常任理事国の地位を継承した。1978年の改革開放政策への転換後，外資導入と輸出の拡大による高度成長を遂げ，一定規模の国家に発展した。中国のWTO復帰加盟は必然的な流れであったといえる。

ただし，当時の中国国内には，WTO加盟について賛否両論が存在していた。加盟に反対する保守派からは，輸入農産物による農業への打撃が大きい，競争力のない国有企業が経営不振に陥る，金融・サービス業が外資に席巻<ruby>席巻<rt>せっけん</rt></ruby>される，といった意見が出ていた。これに対して，改革派は加盟を支持した。経済的利益として，輸入自由化によって中国製品の品質が向上して競争力が高まるとされた。政治的には，加盟の過程で国内改革が進展すること，紛争解決処理が利用できることが利益として指摘された。こうした議論を踏まえて最終的に加盟に踏み切ったが，当時遅れ気味の国内改革を加速化するためにも加盟が必要だとの判断もあったと思われる。

中国は1980年代前半にはGATTのオブザーバーの地位を獲得し，1986年には正式加盟交渉を開始したが，1989年の天安門事件で一時交渉が頓挫<ruby>頓挫<rt>とんざ</rt></ruby>した。1995年にWTOが発足すると交渉分野が拡大して交渉は長期化したが，交渉開始から15年を経た2001年，ついに加盟が実現した。

WTO加盟のためには，多国間交渉と二国間交渉という2つのレベルの交渉を同時に進める必要がある。多国間交渉では，主にWTOの定める基本義務等に対応した国内の法整備とそのスケジュールが議題となる。また，二国間交渉では，関税引き下げや市場アクセスについて，米国はじめ主要国との個別交渉を進めなければならない。二国間交渉の結果は，最恵国待遇の原則により他の加盟国にも適用されることになるが，この点も考慮する必要がある。

中国は，交渉開始時点で国内の政策や法律が加盟条件に適合していなかったので，多国間協議の過程でそれらの大幅な変更を余儀なくされた。また，二国間交渉では，米国が多くの要求を提起したため交渉は難航した。結局，中国は2000年までに1,400の国内法を見直し，廃止を含めて800に及ぶ法令改正を行ったといわれる。また，諸外国との間で191の多国間協定，17の投資

協定，93の租税条約を締結した。国内法の見直しは翌年までに2,300に達し，加盟以降も見直しが続けられたという。

　中国の加盟条件を決めるうえで，同国が一般的な加盟国なのか，それとも途上国なのかも問題となった。途上国と認められれば，「特別かつ異なる待遇」が適用されて国内改革等も段階的に進めることができる。中国は当然ながら，自国は途上国であると主張したが，既存の加盟国は一般的な条件を主張した。結局，中国は多くの分野で関税の引き下げを強いられる一方で，一部の分野では，保護政策の暫定的な継続や段階的な障壁撤廃を認められるといった妥協が図られた。WTOには，TRM（Transitional Review Mechanism：経過的審査メカニズム）が組織され，中国の義務履行状況を8年間審査し，加盟後10年目に最終レビューが行われることになった。

⑶　WTO義務の履行状況

　中国がWTO加盟時の約束を遵守するかどうかは懐疑的であった[6]。しかし，全般的に見れば，おおむね遵守されたと評価してよいと思われる。

　輸入関税は，農作物で平均15％に，工業製品で10％以下に引き下げることを約束していたが，加盟後数年で約束水準まで引き下げられた。農産物への補助金は，交渉過程で8.5％の水準を許可されたが，これも数年間で2％程度まで引き下げられた。サービス分野は，中国では非常に遅れていたため漸進的な自由化が認められた。これに関しても，5年以内に小売業や保険・銀行業等で市場開放が進展した。

　知的所有権については，加盟各国はTRIPS協定（Agreement on Trade-Related Aspects Intellectual Property Rights：知的所有権の貿易関連の側面に関する協定）[7]を守る必要がある。中国では以前から模倣品や海賊版等知的所有権を侵害する商品が多く，先進各国から改善を求められていた。そこで中国は，1982年に「商標法」，1985年に「専利法」，そして1991年には「著作権法」を施行する等，加盟以前からこの分野の法整備に力を入れてきた。しかし，これらの法の遵守に先進国が懐疑的であったことも事実である。

　中国は加盟後も関係法の改正を進めて，2010年までにTRIPS協定とほぼ一致する知的財産法体系を構築した。中国政府の取り締まり等の努力もあっ

て，日本等の先進諸国企業の被害は徐々に減少している。被害の内容も，従来の商標権や意匠権の侵害が突出していた構造から特許・実用新案や著作権の侵害も増加するといった構造変化が見られる。

　TRMの最終レビューが2011年に行われ，いくつかの問題点はあるものの中国の義務履行については一定の評価がなされている。その意味でWTO加盟は中国に大きな成果をもたらしたといえる。

⑷　WTO加盟後の貿易の拡大

　中国の貿易はWTO加盟後大幅に増大した。加盟直前の2000年の輸出額は2,251億ドルに過ぎなかったが，2008年には1兆4,307億ドルへと急増し，2018年には2兆4,867億ドルに達した。米中貿易摩擦の影響下の2019年も2兆5,000億ドルを超えたものと見られる。貿易黒字も拡大傾向にあり，2000年の241億ドルから2008年に2,981億ドル，2015年には5,939億ドルにまで急

図表1−2　**中国の財貿易の推移（1978−2019年）**

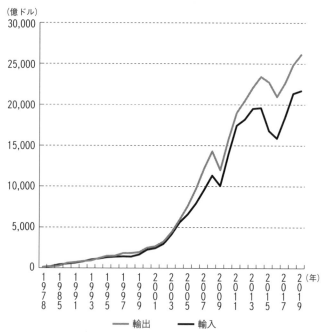

出所：国家統計局［2020］より作成。

中国のGDP・輸出及び輸入の伸び率の相関関係　　　　（単位：%）

	GDP—輸出	輸出—輸入	GDP—輸入
1979-2000	-0.042	0.302	0.411
2001-2018	0.651	0.925	0.512
1979-2018	0.237	0.602	0.442

出所：図表 1 - 2 に同じ。

拡大した（**図表 1 - 2**）。

　中国の高度経済成長は外向型成長と称され，輸出と外資導入・技術移転によって達成されたといわれることが多い。特に，WTO加盟後の経済成長は前述の輸出拡大によるところが大きい。2002〜2007年の成長率の加速は，まさに加盟の効果といってよい。

　経済成長率（GDPの伸び率）と輸出の伸び率との相関関係を見てみると，1979〜2018年は0.237と小さいが，2001〜2018年は0.651と大きく，一定の相関が見られる。1979〜2000年の相関係数が非常に小さかったことと好対照をなしている（**図表 1 - 3**）。このことからも，WTO加盟の効果が大きく，輸出と経済成長の関係が強まったといえるのである。

3　中国の台頭と世界経済の構造変化

(1)　WTO加盟後の高度成長から「新常態」へ

　中国は2001年末のWTO加盟を契機に経済成長を加速させた。経済成長率も2000年の8.5％から2007年には14.2％まで急上昇した。2000年の貿易総額は4,743億ドルであったが，2008年には 2 兆5,633億ドルへと 8 年で5.4倍となった。特に，この間の輸出は5.7倍になっている。

　このような輸出主導型経済成長は，米中貿易摩擦の開始を意味した[8]。この頃すでに米国議会は「スーパー301条」等の貿易保護措置を求め，中国による貿易黒字の拡大に対抗するよう動いていた。これに対して中国は，それまでの米ドル固定相場制をやめて，2005年に管理フロート制に移行した。しかし，管理フロート制の下では，人民元高に振れると人民銀行がドル買い介

入する結果，中国の外貨保有高は，2009年初めには2005年半ばの約3倍の15兆元まで積み上がっていた。このことはマネーサプライの拡大につながり，Ｍ2（現金通貨と預金の合計）基準で見た場合，通貨供給量は2005年の約30兆元から2008年には約50兆元へと1.5倍以上に膨らんだ。この結果，インフレや株価上昇等のバブルの引き金となった。もともと個人投資家が主流の株式市場は株価の乱高下が激しかったが，2006年後半に高騰した上海証券市場の株価もその後大きく下落し，2009年9月の「リーマンショック」が中国にも波及することになる。

中国の主要輸出先である欧米経済が危機に陥り，輸出主導型経済成長は大打撃を受けることとなる。2008年の経済成長率は前年から4.5ポイントも急落して9.7％となり，欧米の受けた経済の打撃が中国の貿易に波及して2009年の輸出は16.0％のマイナス，輸入も11.2％のマイナスとなった。

そこで，2008年11月中国政府は4兆元の景気対策を発表した。対策の中身は公共事業中心の財政出動であり，その半分弱は重要インフラ整備に充てられた。また，その財源は中央政府と地方政府がそれぞれ30％ずつで，残りの約40％は銀行及び企業が負担することになった[9]。この政策によって，翌

図表1-4　中国の経済成長率の推移（1978-2019年）

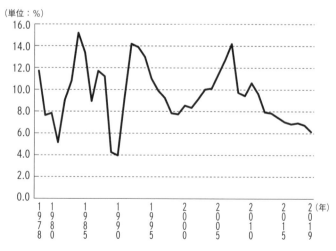

（単位：％）

出所：図表1-2に同じ。

2010年の経済成長率は10.4％に跳ね上がり，輸出も輸入もそれぞれ31.3％，38.8％と急激な回復を見せた。2011年の貿易も好調であった。

　中国経済は一時的に回復したかに見えたが，その後は9年連続で成長率が下がり続け，2019年は6.1％となっている（**図表1-4**）。財の輸出入も2015年から2年連続で減少を見せた。その後，輸入は2桁台の回復を見せているものの，輸出は米中貿易摩擦の影響で1桁台の回復にとどまっている。それでも，2018年の輸出入額は過去最高となっている。

(2)　台頭する中国経済

　中国の対外経済関係で重要な要素となっているのは，海外直接投資である。前述のように1990年代までは，中国は直接投資の積極的な受入政策（「引進来」と呼ばれる）を展開し，外資系企業が輸出を牽引_{けんいん}する構造が経済成長の1つの要因であった。また，東アジアにおいて製造業の工程間分業が盛んになると中国はその中心となっていった[10]。

　しかし，2000年代半ばまでに巨額の経常黒字を記録した中国は，過剰流動性の発生，インフレの昂進_{こうしん}及び貿易摩擦の激化に直面した。2006年に始まる第十一次5ヵ年計画では，「粗放型成長」から「集約型成長」への転換が強調されるようになった。2010年代に入ると，資産価格の高騰や賃金・地価の上昇等，要素費用が急激に上昇し，投資効率が低下したのである。ここにきて中国経済は投資と外需に頼った成長から消費等，内需中心の発展方式への転換を迫られることになった。

　他方で，中国企業の本格的な海外進出が展開されるようになる。2000年代になると中国政府は早くも「走出去」を掲げ，企業の海外進出を促進する政策を展開した[11]。外資の導入増も維持しながら，対外直接投資を急激に拡大した。2016年には中国の海外進出企業は3万7,000余社に達した。進出先も190ヵ国・地域に及び，米国に次ぎ世界第2位になっている。

　対外資産総額は約5兆ドル，対外資産残高も1兆4,000億ドルを超えて世界第6位の投資国となった。ただし，投資分野の約半分がリース業等のビジネスサービス業に分類され，残りは資源エネルギー分野への投資や製造業分野のM&A（合併・買収）等である。

投資先も香港が6割弱を占め，これにケイマン諸島・バージン諸島等を加えると，タックスヘイブン（租税回避地）地域に偏っている。また，鉱業への投資は経済発展のための資源エネルギー確保戦略の一環であり，製造業のM＆Aは買収先の技術や経営資源の獲得を目指す国家戦略の下に展開されていると考えられる。

　これらに加えて，世界経済における存在感を高めた要因としては，人民元の「国際化」が挙げられる。2009年3月，中国の中央銀行である中国人民銀行の行長（総裁）がSDR（Special Drawing Rights：特別引出権）を主軸とする国際通貨制度に関する改革案を発表した。同年6月には，人民元による貿易決済の導入を発表，翌月から開始した[12]。

　一連の動きは，人民元の「国際化」の始まりとして注目を集めた。人民元建て貿易取引は，中国大陸企業と海外企業との貿易取引を両者の決済口座のある香港の銀行が仲介するもので，大陸企業は香港の銀行と人民元で，海外企業は香港の銀行と米ドルでそれぞれ決済が可能となる。2010年7月には，香港に人民元と米ドルとの為替取引市場が成立した。

　他方，中国内の資本自由化も事実上進行した。こうした中で，2016年10月，人民元は米ドル・ユーロ・円及びポンドと並んでSDRの構成通貨となったのである。しかし，中国政府は人民元の為替取引を完全な変動相場制に切り替えたわけではなく，人民元の「国際化」には多大な制約があるのも事実である。

　そこで，これに代わる戦略として2013年11月に発表されたのが「一帯一路」戦略である。習近平国家主席が2013年の国際会議でBRI（Belt and Road Initiative：「一帯一路」構想）を発表した[13]。ここでの「一帯」とは「シルクロード経済ベルト（帯）」を指し，陸路で中国と欧州が結ばれることを意味する。「一路」は「海のシルクロード」で中国沿海の港と欧州を海路で結ぶという構想である。

　BRIの関係国は60数ヵ国であり，これは世界人口の3分の2，世界経済の3分の1の規模といわれるが，鉱物資源・農業資源には恵まれているものの，途上国が多く開発資金が不足している。交通インフラの整備等には8兆ドルの資金が必要といわれ，中国政府の提唱により2015年12月にはAIIB（Asian

Infrastructure Investment Bank：アジアインフラ投資銀行）が国際機関と
して設立された。設立時には57ヵ国・地域が参加，2020年3月時点では102
ヵ国・地域にまで拡大している。2016年からは複数の投資案件が動き出して
いる。AIIBによれば，2020年3月時点で65の案件が承認されている[14]。現状
では世界銀行との協調融資が多いとされる[15]。「一帯一路」戦略の問題点と
して指摘されているのは，関係国・地域の宗教・文化・民族ともに多様で不
安定であることや，中国国有企業の余剰生産力の捌け口になっているのでは
と近隣諸国に疑われていること等である。中国企業の海外直接投資に対する
問題点もあり，関係国の中には中国の拡張主義の現れとの警戒感も根強いと
される。

(3) 米中貿易摩擦の激化と世界経済の構造変化

　このように，国際経済の様々な分野で台頭する中国に対して米国は警戒を
強めていたが，トランプ政権が誕生すると中国を名指しで批判するに至り，
米中間の貿易摩擦は激化の一途をたどるようになった。2018年の米国の貿易
収支は8,787億ドルの赤字であったが，その約5割は対中赤字である。対中
貿易赤字額は2017年の3,760億ドルから11％増えて4,190億ドルになった。
　米国は，2017年12月の国家安全保障戦略において，中国をロシアとともに
米国益と国際秩序に挑戦する修正主義勢力と位置付けた[16]。中国が海洋進出
といった外交・安全保障分野にとどまらず，経済面でも米国を脅かす存在で
あることを明確にしたものといえる。2018年7月には産業機械等500億ドル
分の対中輸入品に追加関税を課す措置を実施した（第一弾）。同年8月にも
半導体等に25％の追加関税を，9月には新たに2,000億ドル相当の家電製品
等に10％の追加関税を実施した（第三弾）。中国もその都度対抗措置を実施
しており，事態はまさに「貿易戦争」の様相を呈した。
　2019年1月になって貿易協議が開始されたが，第一弾から第三弾までの追
加関税措置の関税率の更なる引き上げ，加えて衣料・スマートフォン等への
追加関税措置（第四弾）の発動を表明する等，米国の対中圧力はとどまると
ころを知らない。
　これに対して，中国内部では強硬論が表面化した時期もあって，摩擦は長

期化の様相を呈した。2020年1月には部分的な合意に至ったが，米国通商代表部の公表文書からも明らかなように，あくまでも「第一段階の合意」であり[17]，両国の貿易摩擦は長期戦を避けられないであろう。

　第二次世界大戦後の世界経済の構造は，ブレトン・ウッズ体制と呼ばれる米国中心の資本主義諸国と，中国を含む旧ソ連・東欧を中心とした社会主義諸国との対立として始まった。前者の中心的な国際的枠組みはGATTとIMFであり，後者のそれはコメコン（経済相互援助会議）であった。政治も経済も資本主義陣営と社会主義陣営に分かれ，軍事的には「冷戦構造」と呼ばれる緊張関係にあった。

　しかし，社会主義陣営内部の「経済改革」によって市場メカニズムが導入されるに伴って緊張緩和が進み，最終的に旧ソ連を筆頭とする大部分の国が資本主義への体制移行を進めたのである。中国やベトナム等の一部の国々は，市場メカニズムを経済運営の基本とするも，政治的には共産主義政党による一党独裁を残した形で対外開放政策を採った。世界経済の構図は，資本主義陣営の自由貿易を柱とする国際組織が形成した国際秩序の下に一本化された。だからこそ，資本主義陣営のリーダーである米国が世界経済の秩序を維持する役割を担ってきたのである。グローバリゼーションは，その政治的な背景から考えれば，米国を中心とした世界経済秩序であるといえよう。

　ところが，これまで述べてきたように，中国はWTOに加盟して以降，こうした米国中心の世界秩序に挑戦するような行動を採り始めたのである。経済改革下で市場メカニズムを大胆に採り入れ，対外開放下の輸出振興と外資導入によって，外国の技術に依存しつつ経済発展の基礎を作り上げたのが20世紀の中国であるとすれば，海外直接投資によって更なる経済発展に必要な資源・エネルギーの確保とM&Aによる海外からの技術導入，自主的な技術開発能力の獲得を追求するのが21世紀の中国である。米中貿易摩擦は，米・中2つの経済大国による世界経済の新たな構造変化過程における一大要素と位置付けることができるのである。

おわりに

　中国においては，建国からの約30年間は社会主義計画経済システムを採用していた。このシステムを基本とし，当時の国際的孤立と政治優先を加味した毛沢東の発展戦略は失敗に終わった。これを受けて，市場経済メカニズムの導入を軸とする改革開放政策が展開され，高度経済成長が実現した。しかし，中国が採用している「社会主義市場経済」は政治的には一党独裁が維持され，経済的には政府が国有企業を使って強力に市場介入するシステムである。中国において，あるいは中国とビジネスを進める際に，忘れてはならないポイントである。

　中国は2001年にWTOに加盟して世界経済の市民権を獲得した。自由貿易を標榜するWTOのルールに則り，国内改革も比較的スムーズに進め，さらに高い成長を遂げることができた。しかし同時に，中国は世界経済危機等国際的な環境変化からの影響を大きく受けることになった。

　国民は豊かになったが，賃金等のコストも上昇し，中国企業は様々な形で海外進出が求められるようになった。これと並行して中国政府は，米ドル中心の既存の国際通貨制度を変えようとする人民元の「国際化」や周辺国を国際的開発プロジェクトに巻き込む「一帯一路」戦略の推進等，「冷戦」崩壊後の国際政治・経済のリーダーである米国から警戒される行動が目立ってきた。トランプ政権はこれを「貿易戦争」ともいえるやり方で抑え込もうとしている。これまで米国1国がグローバリゼーションのリーダーを担ってきた世界経済は，米・中2つの大国の覇権争いという構造へと変化することになるであろう。このような世界経済の構造変化の中で，国際ビジネスをどのように展開するべきか，十分な検討が必要であろう。

注

1　小型国有企業が民営化されたこと，郷鎮企業も農村の所有制改革の一環として民営企業となったこと等により，これらを管理する「中小企業促進法」が2003年に施行された。詳しくは，木幡［2016］，150-151頁及び178頁を参照。

2　渋谷・河﨑・田村［2013］,103-104頁。

3　IBRDはIDA（International Development Association：国際開発協会）と合わせて世界銀行と呼ばれている。

4　渋谷・河﨑・田村［2013］,104-105頁。

5　同上書,110-113頁。

6　同上書,116-119頁。

7　特許庁「TRIPS協定」（https://www.jpo.go.jp/system/laws/gaikoku/trips/index.html）。

8　山本・鳥谷［2019］,203-205頁。

9　同上書,206頁では，地方政府はこの財源を「地方（政府）融資平台」（括弧内は筆者による）設立により調達したと説明している。また，金融機関から企業や家計への融資総額も膨大になり，融資残高の一部は各種公共投資に流れたとも指摘し，中国は「債務主導型経済成長」に陥ったと述べている。

10　梶谷・藤井［2018］,250-254頁。

11　同上書,254-255頁を参照。

12　詳しくは，山本・鳥谷［2019］,215-219頁を参照。

13　梶谷・藤井［2018］,277-280頁。山本・鳥谷［2019］によれば，当初の「一帯一路」構想はOBOR（One Belt One Road Initiative）と標記されていたが，最近ではBRIとも呼ばれている。

14　AIIB, Project Summary（https://www.aiib.org/en/projects/summary/index.html）。

15　渡辺［2019］。

16　三菱UFJリサーチ＆コンサルティングレポート「米中貿易摩擦の構図」（https://www.murc.jp/wp-content/uploads/2019/09/report_191001.pdf），4頁。

17　『日本経済新聞』2020年1月17日。

引用・参考文献

天児慧［2002］『中華人民共和国史』岩波新書。

梶谷懐・藤井大輔編［2018］『現代中国経済論〈第2版〉』ミネルヴァ書房。

魏啓学［2012］「中国知財法制度」『パテント』65巻9号。

国家統計局編［2019］『中国統計年鑑』中国統計出版社。

木幡伸二［2016］「第5章 中国における中小企業のグローバル展開」黄完晟編『東アジアにおける中小企業のグローバル展開』九州大学出版会。

渋谷博史・河﨑信樹・田村太一編［2013］『世界経済とグローバル化—グローバル化を読みとく1』学文社。

中兼和津次［2012］『開発経済学と現代中国』名古屋大学出版会。

三重野文晴・深川由起子編［2017］『現代東アジア経済論』ミネルヴァ書房。

南亮進・牧野文夫編［2016］『中国経済入門－高度成長の終焉と安定成長への途〈第4版〉』日本評論社。

山本和人・鳥谷一生編［2019］『世界経済論—岐路に立つグローバリゼーション』ミネルヴァ書房。

渡辺紫乃［2019］「中国の国内情勢と対外政策の因果分析⑨—アジアインフラ投資銀行の役割」『China Report』Vol. 38。

第2章

ＦＴＡと貿易戦略

はじめに

　製造業においては，自社生産か他社への委託生産かを問わず，国境を越え
た取引が拡大している。生産活動はもはや一国内で完結しない。工程ごとに
分割され，それぞれの工程は最適な国に立地する企業が担っている。

　そのため，多国籍企業の経営者は昼夜を問わず，新聞やビジネス誌等に目
を通している。世界各地の政治経済，文化，生産要素費用，貿易，クラスタ
ー，為替相場，ニーズ等の情報を収集し，最適立地を絶えず考慮している。
立地を考慮する際には，FTA（自由貿易協定）及びそのネットワークの活
用が極めて重要な要素になりつつある。

　本章では，FTAにまつわる語句の意味を解説しながら，FTA及びそのネ
ットワークの形成，FTAが実体経済に与える影響を様々な角度から検討す
る。第1節では，FTAを締結する理由について解説する。第2節・第3節
では，アジアを中心とする生産・販売ネットワークとメガFTAの形成過程

に焦点を当てる。第4節では，企業によるFTA活用率の上昇を確認し，活用上の留意点を解説する。第5節では，実際にアジアでFTAを活用する企業の事例をあげて，現代の貿易戦略を概観する。最後に，本章の要約とFTAの課題を述べる。

なお，日本ではしばしばFTAではなく，EPA（経済連携協定）という用語が用いられているので，注意が必要である。

日本の経済産業省はホームページ上で，「2以上の国（又は地域）の間で，FTAの要素（物品及びサービス貿易の自由化）に加え，貿易以外の分野，例えば人の移動や投資，政府調達，二国間協力等を含めて締結される包括的な協定」とEPAを定義している。つまり，EPAの内容はFTAより広範囲にわたっているというのが公式見解である。

確かに，初期のFTAは財やサービスの貿易自由化に限定されていた。しかし，現在では多くの国のFTAが投資や政府調達等を協定内容に盛り込んでおり，両者に明確な差は認められない。本章では日本のいわゆるEPAもFTAとして扱うこととする。

1 FTAとは何か

(1) 地域貿易協定としてのFTA

第二次世界大戦後の各国は，GATT（関税及び貿易に関する一般協定）とその後継のWTO（世界貿易機関）を中心とする多角的枠組みの下で，世界大での自由貿易を推進してきた。

しかし，1990年代以降，発展段階を問わず地域経済統合が増加・拡大の一途をたどっている。この地域経済統合を実現するのがRTA（Regional Trade Agreement：地域貿易協定）である。

特に，2000年前後からRTAの締結件数が急速に増加した。主なRTAにはFTAとCU（Customs Union：関税同盟）の2つがあり，その大半はFTAである。WTOのRTAデータベースによれば，2020年2月時点で有効な

RTAは322に上り，そのうち260がFTAの性質を含んでいる。

地域別にFTAの数を見ると，EU（European Union：欧州連合）加盟28ヵ国が43と最も多い。次いで東アジア諸国が多く，シンガポールが24，韓国が18，日本が17となっている。

(2)　FTAの締結と経済効果

なぜFTAの数が増えているのであろうか。まず理解しておかなければならないのは，WTOでの自由貿易化交渉の停滞である。2001年に開始されたドーハ・ラウンドでの交渉は難航を極め，2008年には交渉が中断するに至った。その間に，日本や米国をはじめとする多くの先進国はFTA交渉を開始した。

しかし，FTAはWTOでの交渉に完全に取って代わるものではない。多くのFTA交渉が行われ，複数の規則が並立することでサプライチェーンが行き詰まるという懸念はある。また，WTOに比べて参加国が限定されるがゆえ，交渉回数が増えざるをえない。

それでも，FTAは着実に増加してきた。WTOでは合意が難しい分野，例えば，投資や環境といった分野のルールをFTAで定めて，自国のルールを他国にも適用することで国際ルールへと導く狙いがある。

経済学の観点からいえば，FTAには次の便益があるとされる。まず，FTA参加国の貿易障壁が撤廃または削減されると，輸入対象の財・サービスの価格が低下し，輸入量が拡大すると考えられる。

このことは，生産者にとっては輸出の拡大が見込めることを意味する。また，消費者にとっては財・サービスをこれまでよりも安く消費できることを意味する。こうして，輸出国・輸入国の双方で経済厚生が高まる[1]。

その他にも，FTAには様々な正の効果があるとされている。

参加国の貿易障壁の撤廃・削減により市場が拡大し，生産量の増大に伴って原材料や労働力に必要なコストが減少した結果，財・サービスを生産する企業の生産性が上昇することは十分に考えられる。

複数の国とFTAを結ぶことで有力な輸出国と看做されれば，新たな投資が流入し，技術やノウハウが国内にもたらされよう。輸入製品が市場に流入

し，競争圧力が高まる可能性もある。この場合，生産性の上昇や品質の向上が見込める。

2 アジアのFTAネットワークとメガFTA

(1) アジアのFTAネットワーク

日本を含めたアジア・オセアニア地域では，特に2000年代からASEAN（東南アジア諸国連合）を中心にFTAの発効が相次いだ。

シンガポールは，2001年にニュージーランドと初のFTAを発効，以後，2002年に日本，2003年にオーストラリアと相次いでFTAを発効させた。2000年代半ばになると，シンガポールだけでなく他の東南アジア諸国もまたFTAを発効させるようになった。

その後も，ASEAN加盟国とその主要周辺国との間でFTAが発効した。ASEAN・中国間で2002年に包括的経済協力枠組み協定，2004年に物品貿易協定がそれぞれ締結され，2005年1月に物品貿易協定が発効した。サービス貿易に関しても，2007年1月に協定に署名，同年7月に発効した。

日本や韓国・オーストラリア・ニュージーランド・インドといった国々も中国に追随し，ASEANはアジア・オセアニア地域におけるFTAネットワークのハブとなった。

ASEAN加盟国によるFTAは，関税削減やサービス貿易の自由化以外にも知的財産権・貿易促進・投資・労働移動・技術移転・キャパシティビルディング等をルールとして盛り込んだ。

FTAの下での急速な貿易自由化は，自国産業への悪影響を与える可能性がある。そこで，一定の条件下でのアンチダンピング措置や相殺関税・セーフガードの発動を認め，環境規制の緩やかな東南アジアの国に日系企業が拠点を移動させるのを防ぐべく，環境基準を定めている。

(2)　アジアのメガFTA

ASEANと主要周辺国との間でのFTAが完成した2010年以降，大洋州にまたがる新たな通商秩序が登場する。それがメガFTAである。

メガFTAには，多国間でかつ大国を含めたFTAを形成することで人口や経済規模を拡大させ，加盟国の存在感を高めるという狙いがある。FTAを活用する企業からしても，手続きが複数存在するよりも統一されていた方が活用しやすいという便益がある。

日本は2015年に米国・オーストラリア・ブルネイ・チリ・ニュージーランド・ペルー・シンガポール・ベトナム・マレーシア・カナダ・メキシコとともにTPP（Trans-Pacific Partnership：環太平洋パートナーシップ）協定の大筋合意に至った。

TPPは2017年に米国が離脱するというアクシデントに見舞われたものの，残りの11ヵ国によって，CPTPP（Comprehensive and Progressive Agreement for Trans-Pacific Partnership：環太平洋パートナーシップに関する包括的及び先進的な協定）が発効された。

その他のメガFTAとしては，交渉が終了していないものの，日本・中国・韓国・オーストラリア・ニュージーランド・インドとASEAN加盟国の計16ヵ国から構成されるRCEP（Regional Comprehensive Economic Partnership：東アジア地域包括的経済連携）がある。他にも，EUが日本や韓国等との間でFTAを発効させ，ASEAN全体とのFTAにも乗り出している[2]。

もっとも，メガFTAの自由化，ルールの水準及び内容に関しては，それぞれ共通するものと異なるものがある。今後東アジア地域では，貿易や投資等のルールの「ひな形」をめぐり，協調と競争の相反する動きが生じるであろう[3]。

3 FTAと生産・販売ネットワーク

⑴ 日系企業のFTA利用

　今日ではFTAの締結交渉が進み，数多くが発効している。この動きを受けて，日系企業によるFTAの利用率は年々拡大してきた。

　図表2-1の日本の輸入におけるFTA利用状況を見ると，多くの国では2017年よりも2019年の方が，利用率が高くなっている。特に利用が多いのは，ベトナム（利用率37.3％），タイ（27.8％），インドネシア（21.7％）といったASEAN加盟国とのFTAである。

　それでは，なぜ企業はFTAを利用しているのであろうか。それは，現代の企業の大宗が自国内だけで生産・販売を完結するわけではなく，ネットワークを複数国に広げ，関税の撤廃・削減を所与のものとして調達・輸出戦略

図表2-1　日本の輸入におけるFTA利用状況

FTA締結相手 地域・国		FTA利用額（億円）			利用率（％）		
地域	国	2017年	2018年	2019年 1〜7月	2017年	2018年	2019年 1〜7月
ASEAN	シンガポール	433	515	341	4.5	4.8	6.6
	マレーシア	2,873	2,992	1,700	13.3	14.3	14.6
	タイ	7,138	7,960	4,532	28.0	28.7	27.8
	インドネシア	3,845	4,599	2,552	17.2	19.3	21.7
	フィリピン	2,736	2,835	1,714	25.0	24.6	25.6
	ベトナム	7,112	8,166	5,204	34.2	35.0	37.3
その他 アジア	インド	1,581	1,759	1,090	26.4	29.0	31.6
	豪州	3,450	3,638	2,172	7.9	7.2	7.4
大洋州	ニュージーランド	—	—	971	—	—	53.1
米州	スイス	523	528	313	6.0	6.2	5.9
	メキシコ	1,240	1,266	898	19.1	18.1	22.7
	チリ	1,917	1,877	1,270	26.1	23.5	26.7
	ペルー	144	154	117	6.2	5.8	6.7
合計		33,194	36,552	31,302	17.5	17.6	17.9

注：原データは財務省貿易統計。
出所：JETRO『海外ビジネス情報』地域分析レポート「日本の輸入におけるFTA利用はどう変化？」より一部抜粋。

を策定しているからである。

⑵　生産・販売ネットワークの拡大

　国際分業の進行は，関税の撤廃・削減と関連する。

　近代国民国家の成立以前の社会は，地域ごとに市場が分断され，人々は自給自足生活を余儀なくされていた。国民国家が成立して工業化が進行した後も暫くは，自国で消費する産品は自国産であった。この時代の産業政策を端的にいえば，受注・設計・生産・出荷といったサプライチェーンを自国内に張り巡らせることであった。そのために必要とされていたのは，まずは国内市場の統一である。

　国によっては，地方ごとに関税をかけて，不足気味の財政収入を補おうとする動きも見られた。そこでは，この内国関税を撤廃し，道路等のインフラ整備もあわせて進めていった。その他にも，産業投資への資金供給と通貨安定の機能を担う銀行を設立し，企業の設立当初に直面しがちな資金不足を解消しようとした。また，教育の普及を進め，第二次産業の振興を図った。

　それとともに重要なことは，対外的な関税障壁の構築である。英国や米国といった超大国製品の競争力の低下を目指したのである。自国の企業を対外関税によって保護し育成することで，生産規模の拡大や生産性の上昇を図ろうとした。日本はまさにこうした産業政策を採用し，経済発展に成功したのであった。

　しかしながら，1960年代からは対外関税による保護・育成政策をあえて採らない国が現れた。その代表的な国がシンガポールである。シンガポールは1965年にマレーシアから独立したものの，保護・育成に値する国内企業は皆無といってよかった。生産活動のためには，海外から企業を誘致せざるをえなかった。そこで，外資系企業に対しては税金の一部を免除した。

　発展段階が低い国で生産する外資系企業は，一般には他国から部品を輸入し，それを加工して再輸出する。その場合，輸入部品に関税を課すとコストが増え，その国で生産する魅力は薄れる。したがって，高関税を課す国は外資系企業に敬遠されることになる。シンガポールは輸入関税率を意識的に低く抑え，多くの外資系企業を誘致してきたのである。

低関税によって外資系企業に開放し，国際生産ネットワークに自国を組み込むことで発展を目指したシンガポールに，他国も追随していった。

特に1985年のプラザ合意後，同年から1986年にかけて円高・ドル安が急速に進行した。東アジア各国は1980年代後半から競うように関税率を下げ，外資導入のための投資優遇措置の改善策を実施した。その結果，日系企業の直接投資は東アジアに相次いで流入した。

図表2-2は，東アジアにおける1988年以降の輸入関税率の推移を示している。1993年には東アジア・大洋州で平均19.5％もあった輸入関税率は，2017年には4.5％にまで低下した。

中国とタイの関税率低下はとりわけ目覚ましい。中国の関税率は1992年に39.7％であったが，2017年には8.5％に低下した。タイも1993年の44.2％から2015年の8.0％へと大きく下落している。

通信環境の進化に伴い図面の受け渡しや部品間の調整が容易になり，先進国からの技術やノウハウの移転がさらに進むと，多くの東アジアの国が国際

図表2-2　主要東アジア諸国の平均輸入関税率

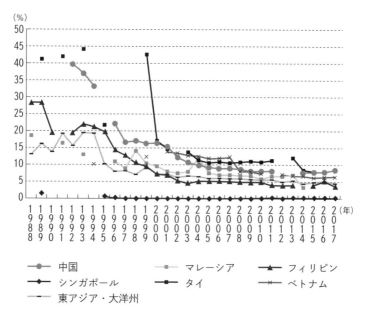

出所：World Bank, World Development Indicators より作成。

42

図表2-3 日系企業の海外生産比率，海外売上高比率の推移

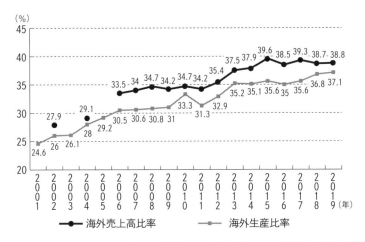

注：海外生産比率は海外生産高を国内生産高と海外生産高の和で除した値であり，海外売上高比率は海外売上高を
　　国内売上高と海外売上高の和で除した値である。
出所：国際協力銀行「わが国製造業企業の海外事業展開に関する調査報告」各年版より作成。

生産ネットワークに組み込まれてきた。**図表2-3**の海外生産比率・海外売上高比率の推移からもわかるように，日系企業もまた生産拠点を東アジアの国に移転するようになった結果，海外拠点の存在感は高まる一方である。

　国際的な生産・販売ネットワークに組み込まれるために，発展途上国はあらゆる手段を用いてきた。途上国にとって関税を引き下げるFTAは，産業の集積化や規模の経済による生産コストの低下，各種恩典とともに欠かせなくなりつつある。

4　FTA活用の条件

(1)　HSコードとFTA税率

　重要度が高まってきたFTAであるが，国家間で交渉し発効されれば，ただちに以前より低い関税率で貿易できるわけではない。FTAの恩恵を享受するためには活用のための手続きが必要である。

まず，輸出する品目のHSコードを特定しなくてはならない。すべての品目は，「HS（Harmonized Commodity Description Coding System：商品の名称及び分類についての統一システム）に関する国際条約」に基づいて番号が割り当てられており，一般にこの番号をHSコードと呼ぶ。

　問題なのは，国によってHSコードが異なるケースが多々あることである。多くの国でHSコードは9桁または10桁の数字であるが，上位6桁は世界各国で共通であるものの，残りの数字は各国が任意に割り振っている。初めて輸出する際には，HSコードの上位6桁が何であるかに加え，残りの3桁または4桁をきちんと把握しなくてはならない。

　FTAによってHS分類が異なることにも注意が必要である。例えば，日本がこれまでに結んできたFTAでは，HS2002・HS2007・HS2012・HS2017の4つの分類が使用されている。どの分類が適当であるか，あらかじめ調べておく必要がある。

　加えて，関税率を調べる際には，複数の税率を比較検討しなくてはならない。ベトナムに輸出する場合，輸入税率にはMFN（Most Favoured Nation：最恵国）税率，二国間FTA税率，日本・ASEAN FTA税率，CPTPP税率の4種が存在するからである。

　MFN税率は，JETROのウェブサイト経由で米国のFedEx Trade Networks社が提供するデータベースの「WorldTariff」に登録すれば，無料で調べることができる。しかし，「WorldTariff」は古いデータが残っている可能性もあり，慎重を期して輸入国の当局にも確認しなくてはならない。

　FTA税率の確認はさらに困難を極める。二国間FTA，日本・ASEAN FTA，CPTPP税率のどれが最も低い税率なのか，各FTAの条文を読んで取捨選択しなくてはならない。

　FTA活用の手続きが煩雑なため，実際に活用する企業は大規模企業に偏る傾向が見られる。なぜなら，大規模企業は社内に専門の部署があったり，社内に輸入国当局と交渉できる語学に堪能な人材を抱えていたり，金銭的に余裕がありコンサルティング会社の利用が可能だからである。

⑵ コンプライアンス対応

　FTAの効果的な活用を目指すためには，コンプライアンス対応が強く求められる。FTAの活用は企業の利益を上方に押し上げるが，輸入国からすればそれまで徴収していた税額が減り，国庫収入の低下につながる。このため，当局は活用手続きに不備がないかを厳しくチェックし，少しでも多く関税を徴収しようとする。

　そこで，「事前教示制度」の利用が求められている。「事前教示制度」とは，関税決定に必要な荷物の価値や関税分類等について，書面による要請がある場合は一定期日以内に必ず教示する制度である。

　とりわけ発展途上国では，担当者が関税分類を恣意的に変更し，税額を引き上げたうえで罰則金を課す場合がある。こうしたトラブルに巻き込まれないよう，あらかじめ荷物の取り扱いに関する情報を書面で入手しておく必要がある[4]。

　近年，コンプライアンス対応の必要が高まっているもう1つの制度として，「自己証明制度」がある。

　FTAを活用するためには原産地を証明しなくてはならない。多くのFTAでは，日本商工会議所に証明書の発行を依頼する「第三者証明制度」が採用されていた。しかし，「第三者証明制度」では商工会議所に原価やマージンを記した資料を提出しなくてはならず，情報漏洩のリスクが否定できない。そこで，原産地を自社で証明する「自己証明制度」が整備され，日本ではCPTPPやEUとのFTAで運用されている。

　「自己証明制度」は，「第三者証明制度」に比べて手続きの時間短縮やコスト削減につながる。一方で，証明に不備がある場合，全面的に自社に非があるとされてしまう。当局に巨額の追徴課税を科される，通関が止まり製品を顧客に期日内に納められなくなるというケースも考えられるため，「自己証明制度」の運用には十分に気をつけなくてはならない。

5 FTAネットワークと日系企業の貿易戦略

「世界の工場」として知られる中国には多くの国の企業が生産拠点を構築しているが，周辺の東南アジア諸国もまた多種多様な生産工場を抱えている。

タイでは，すでに自動車産業や電気電子産業の集積が形成されている。しかし，賃金の上昇や少子高齢化による労働力の不足から，最終組立や研究開発，経営管理機能はタイに残しながら，一部の製造工程をより人件費の安いカンボジアやラオス・ミャンマーに移転している。

上述の3ヵ国とベトナムは「チャイナ＋1」，「タイ＋1」の受け皿として縫製・製靴業や電気電子産業，自動車部品産業の企業の増加が見込まれている。マレーシアでは，すでに集積のある家電製品やソーラーパネルに加え，医療機器やバイオディーゼル等のより付加価値の高い製品の製造を促進してきた。インドネシアでは，ジャカルタ周辺を中心に，自動車産業や消費財関連産業等，様々な産業の集積の拡大を図ってきた[5]。

これらの国では，企業が最適立地を選択する際，FTAの有無を考慮するケースがある。

(1) 繊維メーカーの貿易戦略

低関税をアピールし，外国資本企業を誘致して国際生産ネットワークに組み込まれるよう，東南アジア諸国は積極的にFTA交渉に取り組んでいる。

2018年2月，インドネシアのジョコ・ウィドド大統領は，輸出実績の低迷の原因をFTA交渉の遅れに求めた。

2017年のインドネシアの輸出額は約1,677億ドルであった。前年比で12.6％増加したものの，同年のタイ（約2,369億ドル），マレーシア（約2,194億ドル），ベトナム（約2,137億ドル）に大きく及ばない。輸出増のために，EU・オーストラリア・トルコとのFTA交渉を急ぐよう，担当閣僚に指示した[6]。インドネシアの大手繊維企業のPT Pan Brothersも，大統領の方針を支持した。国家成長のためにFTAの重要性を強調し，その例としてベトナムの急速な成長を挙げた。

ベトナムは繊維産業において世界市場シェアの約6％を占めているが，そのうち自国資本企業の比率はわずか1.8％に過ぎない。外資企業が産業の担い手であり，近年の他国とのFTAの整備が，ベトナムの産業発展を促したとPT Pan Brothersの最高経営責任者は指摘している[7]。

　南旋控股は，ニットを主要製品とする製造企業である。南旋の主要納入先はカジュアル衣料品店「ユニクロ」を展開するファーストリテイリングであり，売上高に占める比率は5割超に上る。南旋製品は，ベトナムの工場から日本に輸出されており，2009年のベトナム・日本間のFTAの発効によって関税が撤廃されたことが輸出増の一因である[8]。

　ファーストリテイリングは，自社の縫製工場をベトナムやインドネシアで増やしている。米国が中国製品に制裁関税をかけたことも手伝い，生産拠点としての東南アジアが注目されている。ベトナムはマレーシア等ともにCPTPPの発効後に関税撤廃の恩恵を受けている。

　ベトナムに生産拠点を有するその他の日系企業としては，カジュアル衣料を手掛けるアダストリアがある。アダストリアはベトナム・タイ・インドネシアで糸を調達し，現地で衣料品の一貫生産を開始した。東南アジアの生産比率は1割台であったが，2022年までに3割に高める計画を立てている[9]。

　アパレル大手のオンワードホールディングスは2018年，カンボジアでの生産を増やすため現地に駐在所を設置した。同社も含め，日系企業は付加価値の高い製品の開発や生産を中国に残しつつ，縫製等を人件費の安い東南アジアやアフリカで行い，他国に向けて輸出する戦略を打ち出している[10]。

⑵　化学メーカーの貿易戦略

　東アジア諸国で生産する日本の化学メーカーの間では，リスク分散意識が高まっている。調達側メーカーからサプライヤーに対して，複数拠点での生産体制を要求するケースが増えている。サプライヤー側では，東アジア域内の複数拠点で同じ部材を供給できる体制構築の動きが広がっている。

　化学メーカーのカネカは，納入先の中国企業から取引停止をほのめかされた経験を有する。日本から中国への輸出は6.5％の関税がかかる。同業他社の米国ダウ・ケミカル，韓国LG化学と競うためにはアジアのFTAネット

ワークを使わない手はないと考え，マレーシアを新たな生産地として選んだ。中国・ASEAN間のFTAを活用すれば関税が撤廃されるからである。

ダウ・ケミカルもシンガポールに拠点を構える。同社だけでなく日本以外の企業は世界中のFTAを駆使して生産地を選ぶ傾向にあり，東南アジア諸国はFTAをテコに「世界の工場」の座を中国と分け合いつつある[11]。

おわりに

本章では，最適立地を考慮する際の要因の1つであるFTAについて，専門用語の意味や世界大での生産・販売ネットワークとの関係を解説した。また，FTA活用率の上昇を確認し，活用上の留意点を説明したうえで，企業の貿易戦略にどのような影響を与えたかについて考察した。

1990年代以降，地域経済統合に向けた動きが急速に増えており，その大半はFTAである。WTOのドーハ・ラウンドの停滞は各国のFTA交渉開始を促した。アジアにおいては，ASEANを中心としたFTAネットワークが形成された後に，メガFTAが登場した。

国際的な生産・販売ネットワークに組み込まれるため，発展途上国はFTA交渉・発効を急いでいる。FTAの活用手続きは煩雑でコンプライアンス対応が強く求められるものの，その利用率は年々上昇している。

米中間の貿易摩擦の流れを受けて，FTAの活用を前提に中国からベトナムに生産機能を移転するケースが見られる。集中生産・他国への輸出を行う東南アジア諸国は，中国と並ぶ生産拠点として台頭してきている。

最後に，FTAと貿易に関する課題を指摘しておきたい。発展途上国が多くの生産工程を担う現代においては，技術普及につながる越境データ移転等のデジタル貿易は今後ますます拡大し，重要性を増すと考えられている。

これまでにもサービス貿易や知的財産権等，WTOでの規律が不十分な分野ではFTAがルール作りを先導してきた。デジタル分野ではCPTPPに参加するシンガポール・ニュージーランド・チリの3ヵ国がビッグデータやAIの利用に関するルール作成を進め，世界標準の貿易協定に育てようとしている。日本を含む他の国々もこの動きを注視し，必要に応じて交渉に参加

する必要がある。

注

1　参加国間の貿易障壁の撤廃・削減によって輸入価格の低下，輸入量の拡大，域内貿易の
　　拡大が生じる効果を「貿易創出効果」と呼ぶ。しかしながら，非参加国からの輸入が参
　　加国からの輸入に転換され，経済厚生が悪化する「貿易転換効果」が発揮される可能性
　　もあり，FTAが望ましいとは必ずしもいえない。

2　米国・EU間ではTTIP（Transatlantic Trade and Investment Partnership：環大西洋貿
　　易投資パートナーシップ）に向けた交渉が進められたものの，妥結に至らなかった。

3　菅原［2019］,130-131頁。

4　『日経産業新聞』2016年2月10日。

5　国際協力機構（JICA）・日本大学生物資源科学部・プライスウォーターハウスクーパー
　　ス［2014］,65-66頁。

6　Jakarta Post, February 5, 2018.

7　Jakarta Post, February 2, 2018.

8　『日経産業新聞』2016年12月21日。

9　『日本経済新聞』2019年1月23日。

10　『日本経済新聞』2018年9月11日。

11　日本経済新聞社［2013］,34-38頁。

引用・参考文献

国際協力機構（JICA）・日本大学生物資源科学部・プライスウォーターハウスクーパース
　　［2014］「ASEAN2025に係る情報収集・確認調査 ファイナルレポート」。

菅原淳一［2019］「第9章 アジアの通商秩序とCPTPP」石川幸一・馬田啓一・清水一史編
　　『アジアの経済統合と保護主義―変わる通商秩序の構図』文眞堂。

日本経済新聞社編［2013］『アジア跳ぶ　おまえ・ここにきて・やってみろ（OKY)』日本経
　　済新聞社。

ボールドウィン，リチャード（遠藤真美訳）［2018］『世界経済 大いなる収斂―ITがもたらす
　　新次元のグローバリゼーション』日本経済新聞出版社。

第 3 章

為替レートと企業戦略

はじめに

　外国にお金を支払うのはどのような時であろうか？　個人の海外旅行先での買い物や食事・ホテル代等の支払いが思い浮かぶし，海外から何か財貨を輸入した際の支払い等も想像されるであろう。実際，2017年の世界総輸出額は17兆ドルを上回ったが[1]，その分だけ国境を越えた決済が行われたはずである。

　今日，世界中で１日に国境を越えて動くマネーは驚くほど膨大となり，わずか数日で１年間の世界総輸出額に匹敵するマネーが国境を越えてやりとりされている。目の前でスマートフォンやタブレット・パソコンを操作するだけで，天文学的なお金を動かせるようになっているのである。HFT（High Frequency Trading：株の超高速取引）は，1,000分の１秒単位で売買されている。想像を絶する世界である。

　本章では，こうした国際取引に伴うカネのやりとりをめぐって，国際ビジ

ネスの現場で利用される外国為替（かわせ）の仕組みと，外国為替の動向と企業戦略との関連を考察する²。そのためには，テレビでよく目にし，耳にもする「今日の為替相場は1ドル100円です」の意味を把握し，理解を深めることが不可欠である。

1 為替レートの決定

(1) 為替レートとは

　一口に「カネ」といっても，ドル（米国）・ユーロ（EU）・元（中国）・ポンド（英国）・バーツ（タイ）・ウォン（韓国）等，国によって通貨として使われるカネの種類も様々である。通貨が異なれば交換の必要が生じ，交換の比率が問題となる。外国為替市場で決まる「異なる通貨の間の交換比率」が，為替レート（為替相場）である。為替相場の制度も国によって違い，IMF（国際通貨基金）によると，**図表3-1**に示されている通り様々である。このように為替相場の制度も多岐に及ぶが，IMFはこれらを固定相場制度・中間的制度・変動相場制度の3つにまとめている。

図表3-1　為替相場制度の種類について（2018年4月30日）

固定相場制度	他 通貨固定相場制（ドル化等）(No separate legal tender)	特定の外貨と自国通貨を固定された為替レートで交換（法的保証はなし），米ドルが単一の法定通貨として流通するドル化など	13カ国	エルサルバドル，パナマ，マーシャル諸島，エクアドル等
	カレンシー・ボード制度(Currency board)	特定の外貨と自国通貨を固定された為替レートで交換することを法的に保証し，外貨準備によって裏付けられた通貨発行を行う	11カ国	香港，ドミニカ，ボスニア・ヘルツェゴビナ等

中間的制度	従来の固定ペッグ（釘付け）制度（Conventional peg）	自国通貨を主要国通貨または複数国通貨のバスケットに，固定レートでペッグする制度。目標値から最大プラスマイナス1％の狭い範囲内での変動を認める制度	43カ国	サウジアラビア，UAE，カタール，ニジェール，リビア，ネパール等
	その他 安定化したアレンジ（Stabilized arrangement）	―	27カ国	シンガポール，ベトナム，ミャンマー，クロアチア等
	クローリング・ペッグ制度（Crawling peg）	ペッグした公定平価を定期的に調整する制度	3カ国	ホンジュラス，ニカラグア，ボツワナ
	クローリング的制度（Crawl-like arrangement）	定期的に調整される中心レートの周辺を特定の幅で変動することを許容する制度	15カ国	バングラデシュ，中国，チュニジア等
	ホリゾンタルバンド・ペッグ制度（Pegged exchange rate within horizontal bands）	従来のペッグ制度と同様だが，自国通貨の変動幅を，プラスマイナス1％以上の大きな範囲で認める制度	1カ国	トンガ
	その他 管理制度（Other managed arrangement）	―	13カ国	カンボジア，アルジェリア，シエラレオネ，ベネズエラ等
変動相場制度	管理フロート制度（Floating）	通貨当局が外国為替市場への積極的な介入を通じて為替レートの動きに影響を与える制度	35カ国	アルゼンチン，マダガスカル，ブラジル，韓国，フィリピン，タイ，インド等
	自由フロート制度（Free floating）	為替レートは為替市場の需給関係によって決定され，為替レートを適正なものとし，過度の変動を防ぐために外国為替への介入が行われる制度	31カ国	日本，米国，英国，フランス，ドイツ，ロシア等

出所：IMF, "Annual Report on Exchange Arrangements and Exchange Restrictions 2018", pp. 5-8. 表の作成及びそれぞれの制度の説明にあたっては，野崎 [2014]，79頁，援用（直接引用を含む）。

(2) 円高＝ドル安と円安＝ドル高

　ここでは，外貨の需要と供給によって為替レートが決まる（変動する）ものとして，日本の円と米国のドルの間の為替レートを例にとり，考えてみることにする。

　1ドル＝100円であった為替レートが1ドル＝80円になった時と，1ドル＝120円になった時とでは，どちらが円高＝ドル安で，どちらが円安＝ドル高なのであろうか？　**図表3-2**に示した図解を見て理解を深めよう。

　この図表に見られるような変動を，日本国内の私たちの生活を中心に検討すると，例えば，海外旅行に出掛けるのは円高の時が有利とされる。少ない円で多くのドルに交換して旅行先に行けるからである。円高の時には，海外の商品を少ない円で購入できるため，輸入商品が割安となる。百貨店やスーパーの「円高還元セール」は，円高で割安となった輸入商品の値下げ販売である。このように，輸入企業にとっては円高が望ましい。

　他方，輸出企業にとっては円安が望ましい。なぜなら，例えば80円の製品を，1ドル＝80円の時には1ドルで販売していたが，円安で1ドル＝100円になれば，値下げして0.8ドルで販売しても80円を回収できることになる。輸出先の消費者にとっては，同じ商品が安く買えることになる。その結果，需要が伸びて輸出も増えることになるのである。輸出企業として知られるトヨタは，1円の為替変動で損益が数百億円も違ってくるといわれている。

図表3-2　為替レート 変動の一例

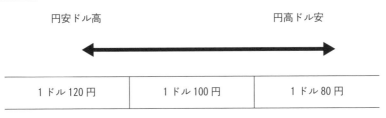

出所：筆者作成。

(3) 為替レートの決定—需要と供給

　為替レートの変動は，**図表3-3**に示されるように，円とドルの需要と供給の関係として把握される。需要線と供給線が交わり需要と供給が一致した点が，為替レートの値となる。

　それは，ドルの供給が増加（Sが右方にシフト），あるいはドルの需要が減少（Dが左方にシフト）する結果，円高＝ドル安に進み，ドルの供給が減少（Sが左方にシフト），あるいはドルの需要が増加（Dが右方にシフト）する結果，円安＝ドル高に進む。**図表3-3**を用いて，需要線と供給線をシフトさせながら理解を深めてほしい。

　それでは，需要と供給は，どのような局面で生じているのか。例えば，日本の経済社会は安定していて，日本の企業はこれからも利益をあげて成長していくとの観測下では，日本企業の株式は安全な運用資産として購入されるであろう。結果，ドルが円に交換される。すなわち信用の高い円が買われて，ドルは売られるのである。**図表3-3**を基に説明すれば，ドル売り・円買い（ドルの供給）が増え，円売り・ドル買い（ドルの需要）が減るので，円高に推移することになる。

図表3-3　**為替レートの決定：需要と供給**

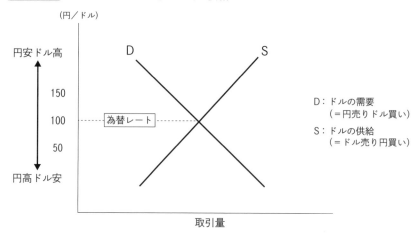

出所：高橋［2015］，12頁，図2-1より援用。

また，金利が為替レートに及ぼす影響にもよく言及される。例えば，米国で金利が引き上げられてドル金利が高くなると，ドルによる資産運用が有利となるのでドルが買われる。結果，ドル高となる。円の金利が低ければ円を持つメリットはないのであるから，円を手放すことになる。円売り・ドル買い（ドルの需要）が増え，ドル売り・円買い（ドルの供給）が減るので，円安に推移する。

2　為替レート変動の背景

　外国為替の相場は，このように需要と供給によって日々変動するのだが[3]，その背景には，貿易・投資や景気の動向，金利・物価・株式相場の変動，政治状況，戦争・紛争・テロや自然災害の発生等が深く関わっている。**図表3-4** は，戦後日本の対ドル為替レートの推移を示している。変動の著しい時期があるが，どのような出来事があっただろうか？

　戦後の国際経済秩序は，圧倒的な経済力・軍事力を有していた米国の主導権の下で形成・維持された。国際金融の制度的安定や協力を図るIMFも米国主導で設立された。

　当時，世界の金（きん）の7割を保有していた米国は，世界貨幣ともいわれ希少価値を持つ金を裏付けに，金とドルの交換比率を金1オンス＝35ドルに決めて，米ドルを国際取引の決済に使える「基軸通貨」にしたのである。これを基準に各国通貨との相場が決められて固定されることになった。すなわち固定相場制である。**図表3-4** に見られるように，1971年までずっと1ドル＝360円が続いているのは固定相場制が維持されていたからである。

　その後，冷戦体制の下で，米国は，体制維持のために米国の同盟国に軍事的な支援のためのドルをばらまき，財政赤字に苦しむようになった。また，当時の西ドイツや日本の輸出競争力が向上した結果，米国は貿易赤字に陥り，1971年には金とドルの交換停止（ニクソンショック）に追い込まれた。これを契機に世界各国が変動相場制に移行していった。日本でも1973年から変動相場制が採られ，市場の需要と供給の関係によって為替レートが決まるとい

図表 3-4 円の対ドル為替レート（年平均）

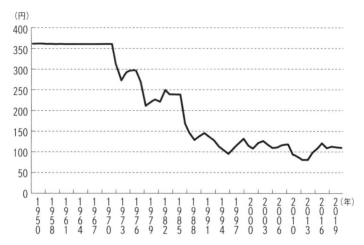

出所：IMFより作成。

う仕組みになった。こうして為替レートは自由に変動し，その時々の政治・経済や社会状況を反映するようになったのである。

　したがって，**図表3-4**に示された日本の対ドル為替レートの変動を見ると，オイルショック（1974年），プラザ合意（1985年），バブル景気（1980年代末），冷戦体制の終焉（1989年），アジア通貨金融危機（1997年），米国同時多発テロ事件（2001年），リーマンショック（2008年），欧州債務危機（2009年），東日本大震災（2011年），アベノミクス（2013年〜）等の歴史的事件・事象が大きな要因となって作用していると考えられるのである。

3　外国為替の種類と取引市場

(1)　直物取引と先物取引

　為替取引には，直物レートでの取引，先物レートでの取引がある。直物取引とは，為替取引の契約成立後，当日または数日内に受け渡しが行われる取引である。例えば，円とドルの決済の場合，日本の銀行と米国の銀行とのや

りとりでは，時差の存在や休日との重なりが考慮されて，契約が成立してから2営業日後に受け渡しが行われる。先物取引とは，契約成立後，1ヵ月後とか3ヵ月後，あるいはその前後の数日間等，将来に受け渡しが行われる取引である。あらかじめ取引価格が決められているので，為替の変動リスク及び不確実性が回避されることになる。また，為替の持ち高や為替資金の調整のために，直物の売買と同額の先物を売買するスワップ取引も行われている。

(2) インターバンク市場と対顧客市場

　さて，実際に取引が行われる外国為替市場は大きく2つに区分される。**図表3-5**にも示されるように，インターバンク市場と対顧客市場である。インターバンク市場では，膨大なお金が秒単位でやりとりされる取引が24時間行われている。**図表3-6**からも明らかなように，世界の主要国の外国為替市場が常にどこかで開かれて取引が行われているので，私たちも夜のテレビのニュースで刻々と変化する為替レートを目の当りにすることができるのである。

　インターバンク市場では，市場の信用を保つため，中央銀行や大手銀行（またはその外国為替ディーラー），銀行間取引の仲介ブローカーを中心とする限られた参加者間で取引が行われている。

　他方で，私たち個人や一般企業が利用するのは銀行の対顧客市場である。

図表3-5　外国為替市場のしくみ

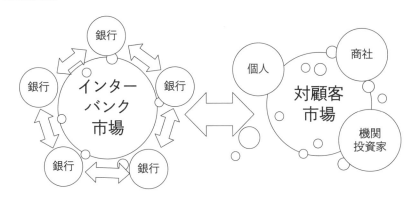

出所：筆者作成。

図表 3-6 世界の主な外国為替市場の取引時間

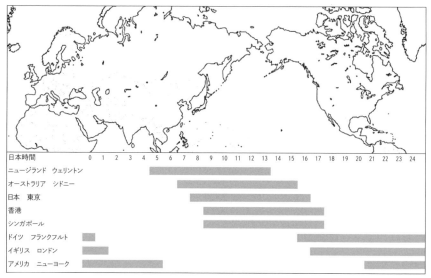

注：サマータイムなどの夏時間および冬時間によって、日本時間で考えると取引時間は前後する。
出所：筆者作成。

ここでは，銀行がインターバンク市場の取引状況を見て，手数料を加えた対顧客相場を決め，外貨の売買取引に応じるのである。このように，外国為替の取引はインターバンク市場と対顧客市場とで日々行われている。

4 外国為替の動向と企業戦略

(1) 円高と企業の海外進出

　輸出や輸入に携わる企業からすると，為替差益が得られたり，逆に為替差損を被ったりと，為替レートの変動による影響は大きい。したがって，国際取引の遂行には為替レートを考慮した戦略が重要になってくる。

　それでは，国境を跨いで活動する企業は，どのような戦略の下に，どのような国際ビジネスを遂行してきたのであろうか？　貿易立国が国是とされ，

輸出主導型経済とも論じられた日本を事例に，日本企業の海外展開が急速に進んだこの30年を回顧し，本項と次項でその特徴を考察する。

　図表3-4における円の対ドル為替レートの推移を振り返ってみよう。1985年のプラザ合意から1990年代半ばまでは異常ともいえる超円高の時期であった。この時，米国は，冷戦体制が終焉（しゅうえん）に向かっていた中で，その体制の維持と強化で疲弊し，巨額の財政赤字と経常収支の赤字に苦しみ続けていた。

　米国の経済は厳しい状況ではあったが，覇権（はけん）を失わないためにも，自国の利益を強力に要求した。米国は，高度経済成長の下で輸出攻勢で膨大な貿易黒字を実現した日本に対し，協調介入と称して為替レートの円高誘導を行ったのである。1985年のプラザ合意の直前に1ドル＝242円であった為替レートは，翌86年には1ドル＝150円，若干の円安局面を経て91年には1ドル＝130円台，94年の日米首脳会談の決裂後に100円を突破し，95年4月には1ドル＝79円の史上最高値を記録した。

　この時，日本では，どのような変化が起きていたのだろうか？　円高によって輸出が振るわずとも，輸出産業に頼るしかない構造の日本と日本企業は，設備投資をはじめとする内需の拡大によって一時のバブル景気を迎え，経営をどうにか乗り切っていた。その後，すぐにバブルが崩壊したが，米国の対日貿易政策や冷戦体制の終焉等の世界情勢が絡（から）んだこともあって，円高は続いていた。このような事態を契機に，輸出産業を主力とする日本企業は，海外進出を本格的に加速させたのである。

　図表3-7から，平成不況の中，2000年代までは，為替レートの変動に同調するように貿易額と対外直接投資額が増減しつつあること，具体的には貿易黒字幅が縮小して対外直接投資額は増加の傾向を示していることが分かる。

　対外直接投資先を国・地域別で検討すると，米国の比重は大きいのだが，製造業に関わる中国やASEAN（東南アジア諸国連合）の伸びには勢いのあることが見て取れる。**図表3-8**から一瞥（いちべつ）できるように，日本企業の海外現地法人数は増え続けており，2017年度の地域別現地法人分布では，北米12.9％，アジア66.5％（中国29.8％，ASEAN 27.2％，その他9.5％），欧州11.4％，その他9.2％となっている[4]。

図表 3-7 日本の対外直接投資と貿易収支，円の対ドル為替レートの推移

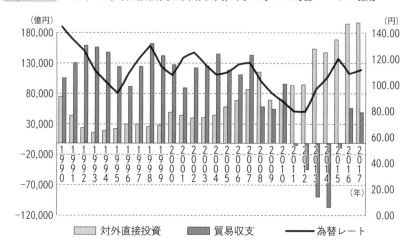

注：対外直接投資と貿易収支は国際収支ベースでの数値で，単位は左軸。為替レートの単位は右軸。
出所：財務省，IMF より作成。

図表 3-8 日本企業の海外現地法人数と円の対ドル為替レートの推移

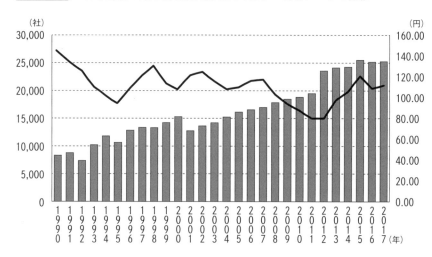

注：海外現法人数は縦棒で，単位は左軸。為替レートは折れ線で，単位は右軸。
出所：経済産業省「海外事業活動基本調査」各年度版より作成。

⑵　近年の為替動向と企業戦略

　このように，日本企業は，国際競争力を高めるために，米国との貿易摩擦や円高による日本からの輸出の不振を回避する必要があり，徹底したコストダウンを追求した。それは，日本よりも労働コストのかからないアジアへの生産移転を進め，東アジア域内における選別化された工程間分業をつくるというものであった。つまり，日本やNIEs（新興工業経済群）等で付加価値の高い中間財（素材・部品等）を加工・生産する資本集約型工程を担い，それら部材を集めて最終財（完成品等）として組み立てるために，中国やASEANで労働集約型工程を担う形であった[5]。

　そのような状況の中で，**図表3-7**から，2010年代になると，円安局面であっても貿易赤字は改善されず，対外直接投資額は増大し，為替レートの変動にリンクしなくなってきていることが分かる。もちろん，資源価格が高騰か，急落かによって対外経済が影響されることも考慮しなければならないが，日本の経済と企業にどのような変化が起こっているのだろうか？

　本来であれば，貿易赤字が続くと，輸入企業による円売り・ドル買いが進み，円高が抑えられるはずだが，為替レートの変動からそのような傾向はあまり看取されない。また，現地に進出して稼いだ利益を持ち帰ろうとすれば，外貨を円に替えようと円が買われ，為替レートは円高の方向に振れるのだが，そうではなくなっている。利益は現地で再投資されるので，外貨は円と交換されない，つまり現地での事業活動が重視されていると考えられるのである。

　経済産業省の「海外事業活動基本調査」によると，2017年度における現地法人の動向と特徴として，①現地法人数のうちASEANの占める割合が大きくなっていること，②現地法人の従業者数が増加していること，③現地法人の売上高・経常利益・当期純利益が増加していること，③製造業現地法人の海外生産比率が過去最高水準であること，⑤製造業現地法人の研究開発費も設備投資額も増加していること，があげられている[6]。

　企業は，最適地生産を求め，海外での業務・事業の委託・移管を進めるオフショアリングや，自国本社と海外子会社との連携による企業内貿易，さらには積極的なM&A（合併・買収）等によって，生産・貿易・労働に関わる

効率的で合理的な志向と戦略を採っているのである。

おわりに

　こうした企業の海外展開によって現地調達や現地販売は進み，域外調達と域外販売も広がりを見せる。FTA（自由貿易協定）やEPA（経済連携協定）のような自由貿易を促進させる協定も世界を駆け巡るように策定される。国境を越えてヒトの往来は容易になり，モノの関税は削減・撤廃され，カネの取引は増大する。結果、製造業からサービス業まで経済のグローバル化は一層進展を見ることになる。

　しかしながら，ここで述べてきた経済と企業の動きは，「産業の空洞化」と表裏一体であることを指摘しておく必要がある。国内に目を向ければ，1990年以後の日本の「失われた20年」において，少子高齢化に加えて過疎化や限界集落の存在が露わになり，過労死や派遣切りに見られるように労働・雇用問題が顕在化している。海外での戦略的な企業活動は注目されるが，国内における市場の縮小は深刻であり，為替レートと企業戦略を論じれば論じるほど，我々がいかに厳しく困難で，複雑な現実に直面しているのかが，わかるのである。

注

1　JETRO（日本貿易振興機構）ホームページ（https://www.jetro.go.jp/）。
2　本章は大津 ［2017］，102-108頁によるが，本章の構成と展開に合わせて一部加筆した。
3　為替レートの決定理論は，購買力平価説（通貨の交換比率は，それぞれの国の購買力〔物価水準〕の比によって決まる）をはじめとして，様々なアプローチやモデルがあるが，複雑な現実を論理的に解明することは難しく，いずれも十分に捉えきれていない。
4　経済産業省「第48回 海外事業活動基本調査概要（2017年度実績）」，10頁。
5　経済産業省「通商白書2005」，167頁，第2−3−10図。
6　注4に同じ。

引用・参考文献

飯田和人 ［2011］『グローバル資本主義論―日本経済の発展と衰退』日本経済評論社。
井村喜代子 ［2000］『現代日本経済論―戦後復興，「経済大国」，90年代大不況〈新版〉』有斐閣。

大津健登［2017］「第5章 国際収支と外国為替」小林尚朗・篠原敏彦・所康弘編『貿易入門　　　　―世界と日本が見えてくる』大月書店。

奥田宏司・代田純・櫻井公人編［2016］『現代国際金融―構図と解明〈第3版〉』法律文化社。

関下稔［2012］『21世紀の多国籍企業―アメリカ企業の変容とグローバリゼーションの深化』　　　　文眞堂。

高橋信弘［2015］『国際経済学入門―グローバル化と日本経済〈改訂第2版〉』ナカニシヤ出　　　　版。

野崎久和［2014］『通貨・貿易の問題を考える―現代国際経済体制入門』日本経済評論社。

福田邦夫・小林尚朗編［2006］『グローバリゼーションと国際貿易』大月書店。

第 **4** 章

少子高齢化と外国人労働

はじめに

　日本は，急速に進む少子高齢化に伴う，労働力不足社会に突入している。この労働者不足を補うために，日本で働く外国人が急増しており，その数は，2019年には約166万人にもなっている[1]。そして，その就労は，看護・介護，飲食店，コンビニエンスストア（以下，コンビニと略記），弁当工場等，多様な分野に広がっている。東南アジアからの介護人材が，高齢者施設での介護に従事する姿も見られるようになってきた。

　また，外国人留学生が生活費や学費のためにコンビニ等で行っているアルバイトは，人手不足にあえぐ日本にとって不可欠な労働力になっている。そして，外国人労働者の増加に伴い，その国籍も宗教も多様化してきている。

　しかし，我々は，増加する外国人労働者を隣人として受け入れ，共生する準備ができているのだろうか。

　本章では，少子高齢化に伴う労働力不足が進む日本における外国人労働の

現状と，それに付随する問題点を検討する。

1 少子高齢化・労働力減少の現状と見通し

　まず，日本における少子高齢化及び労働力減少の現状と今後の見通しに触れておこう。**図表4-1**は，日本における総人口及び人口構造の推移と見通しであるが，年少人口（0～14歳）の比率が低くなってきているのと同時に，老齢人口（65～74歳及び75歳以上）の比率が高くなってきており，その傾向は今後ますます進展するであろうことが看取できる。一般に「生産年齢人口」と定義される15～64歳人口は，2018年の7,545万人から，2065年には4,529万人に，大きく落ち込む予測である。つまり，今後日本における労働力減少は，不可逆的に進むことは間違いないであろう。

図表4-1　日本における人口構造の推移と見通し

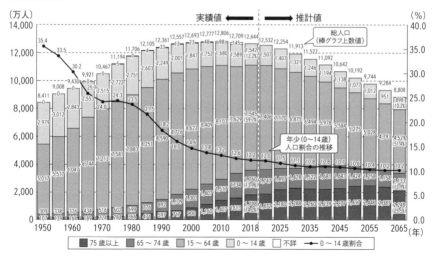

出所：内閣府『令和元年版 少子化社会対策白書』。

2 日本で働く外国人：建前と現実の乖離(かいり)

次に，日本で働く外国人の数を見ていこう。先に述べた通り，日本で働く外国人は，2019年には約166万人となっている。これは外国人雇用の届出義務化以降最高で，前年比13.6％の増加である。

国籍別では，中国が最も多く41万8,327人（25.2％），次いでベトナムが40万1,326人（24.2％），フィリピンが17万9,685人（10.8％）となっている[2]。

次に，その外国人を在留資格別に見たものが，**図表 4-2** である。

日本の技能を学ぶための制度である技能実習が23.1％，留学生等の資格外活動が22.5％と，両者で約半数近くを占めている。つまり，本来は技能実習や就学を目的として入国している外国人が，事実上の労働力となっているのである。

このような建前と現実が乖離した外国人労働者受け入れのあり方について，「フロントドア」「サイドドア」等という言葉が使われる。「フロントドア」とは正面玄関のことで，就労目的の在留資格のことを指す。そして，「サイドドア」とは，フロントドアとの対比で，非就労目的の在留資格のことを指す。日本では，「いわゆる単純労働者を受け入れない」という建前を維持しつつも，現実にある単純労働者への需要に応えるために，フロントドアのほかにサイドドアを機能させるということが行われてきた。

さらに，在留資格を持たない外国人労働者の滞在を指して「バックドア」

図表 4-2　在留資格別外国人労働者数とその比率

在留資格	詳細	人数（人）	比率（％）
専門的・技術的分野の在留資格	教授，芸術，宗教，報道，法律，会計，医療，研究，国際業務など	329,034	19.8
技能実習	技能を習得するための実習生	383,978	23.1
身分に基づく在留資格	日系人，永住者，日本人の配偶者，永住者の配偶者など	531,781	32.1
資格外活動	留学生等，就労以外の資格で入国した者	372,894	22.5
その他，不明	—	41,117	2.5

注：資格外活動とは，就労以外を目的とする在留資格の者の就労を意味する。
出所：厚生労働省「『外国人雇用状況』の届出状況まとめ（令和元年10月末現在）」。

図表 4-3 外国人労働者のフロントドア・サイドドア・バックドアの構成

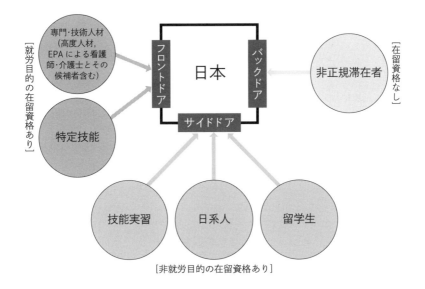

注：EPA（経済連携協定）とは，関税・投資規制の撤廃や人の移動を自由化する協定である。これによる看護・
　　介護人材導入についての詳細は後述する。
出所：望月 [2019]，89頁を参考に筆者作成。

ということもある[3]。

　以上のような，日本における外国人労働者のフロントドア・サイドドア・
バックドアの構成は，**図表 4-3** のように表すことが出来る。

　次に，それらを，受け入れの根拠や受け入れ枠，職種等の制限，転職の可
否等の観点から一覧表にしたのが，**図表 4-4** である。

図表4-4　外国人労働者の各種受け入れ条件の比較

項目	専門・技術人材		特定技能		技能実習	日系人		留学生
	高度専門人材	EPAによる看護師・介護士とその候補者	2号	1号		二世・三世	四世	
受け入れの根拠	経済社会の活性化・国際化	当該国とのEPA	労働力不足への対応		技能等の移転を通じた国際貢献	日本人との家族的つながり	日本と海外日系社会の懸橋となる人材育成（日本語・日本文化を学ぶ活動をすることが条件）	日本での就学（大学等教育機関に在籍することが条件）
受け入れ枠等	なし	なし	なし	分野ごとに5年間の最大受け入れ見込み数を設定	受け入れ事業所の常勤職員数に応じた受け入れ枠あり	なし	年間4千人程度	なし
職種等の制限	在留資格が認める活動	在留資格が認める活動	特定産業分野	特定産業分野	場合によってあり	制限なし	制限なし（風俗関連産業不可）	制限なし（風俗関連産業不可）原則週28時間以内
転職の可否	在留資格が認める範囲で可	在留資格が認める範囲で可	業種内で可	業種内で可	原則不可	可	可	
在留資格更新	可	可（候補者は不可）	可	最長通算5年	最長通算5年	可	最長通算5年	可
家族の帯同	可	可（候補者は不可）	可	不可	不可	可	不可	可

注：特定技能及び日系四世の受け入れは，2018年からである。
出所：宮島・鈴木 [2019]，17頁を参考に筆者作成。

　このように，日本における外国人労働者は，多様な在留資格（非就労目的の在留資格も含む）に基づいて就労しており，職種等の制限，転職や家族の帯同の可否等の条件は，それぞれに異なっているのである。

3 外国人労働者の現状と問題点

　次に，日本で働いている様々な外国人労働者について，それぞれの現状や問題点を見ていく。

⑴ 看護・介護人材

　人口減にあえぐ日本にとって，今後どの分野も人手不足が深刻になることが予想されるが，その中で最も深刻と考えられるのが，看護・介護分野である。今後，高齢化により，看護・介護，その中でも特に介護現場の労働需要は急増すると考えられる。というのは，2025年にはおよそ5人に1人が75歳以上の後期高齢者になることから，これを支える介護労働者の不足が，「2025年問題」として懸念されているからである。厚生労働省によれば，介護人材の需要は，2016年の190万人から，2025年には55万人増の245万人になるとされ，つまり3割もの増加が見込まれている[4]。

　しかし，介護労働は，ハードワークの割に低賃金[5]であること，したがって，離職率が高いことから，以前より人手不足が続いていた。2017年，介護職員の不足を抱える事業所は，施設勤務の介護職員で35.5%，訪問介護員で55.2%であり，2011年以降一貫して増加している。また常勤職員の離職率は，全産業平均が11.6%であるのに対し，介護職員は12.1%と高い[6]。

　先に見たような生産年齢人口の減少の中で，もともと人手不足であった介護現場で急増する人材の需要を充足するのは，極めて困難といわざるを得ない。この不足を埋めるために，政府は，2008年以降のインドネシア・フィリピン・ベトナムとのEPA（経済連携協定）の発効に伴い，これらの国からの看護師・介護福祉士候補者を順次受け入れている。**図表4-5**は，その受け入れ数の推移である。

　しかし，このEPAによる外国人看護師・介護福祉士候補者の受け入れには，様々な問題点がみられる。

　第一に，一定期間（看護師は3回目，介護福祉士は4年目）内に日本の国家試験に合格しなければ，たとえ出身国の資格を持っていても，帰国しなく

年	インドネシア		フィリピン		ベトナム	
	看護師候補者	介護福祉士候補者	看護師候補者	介護福祉士候補者	看護師候補者	介護福祉士候補者
2008	104	104	—	—	—	—
2009	173	189	93	217	—	—
2010	39	77	46	82	—	—
2011	47	58	70	61	—	—
2012	29	72	28	73	—	—
2013	48	108	64	87	—	—
2014	41	146	36	147	21	117
2015	66	212	75	218	14	138
2016	46	233	60	276	18	162
2017	29	295	34	276	22	181

注：「—」は，受け入れ前であったことを示す。
出所：厚生労働省「インドネシア人看護師・介護福祉士候補者の受入れについて」，同「フィリピン人看護師・介護福祉士候補者の受入れについて」，同「ベトナム人看護師・介護福祉士候補者の受入れについて」。

図表 4 - 6　EPAによる介護福祉士候補者の受験者・合格者・合格率（2018年）

国籍	受験者数（人）	合格者数（人）	合格率（％）
インドネシア	236	78	33.1
フィリピン	236	95	40.3
ベトナム	106	93	87.7
合計	578	266	46.0

出所：厚生労働省「（別添2）第31回介護福祉士国家試験の内訳・入国年度別候補者の累積合格率」。

てはならないことである。しかし，日本語で専門用語を覚えて国家試験に合格するのは至難の業である。**図表 4 - 6** は，2018年の介護福祉士国家試験におけるEPAによる介護福祉士候補者の受験結果であるが，合格率は46.0％で（ベトナム人は87.7％と高いが），日本人も含めた受験者全体の合格率73.7％に遠く及ばない数字となっている。

　せっかく受け入れた外国人の介護福祉士候補者が国家試験に合格できず帰国することになれば，その施設はまた人手不足に陥ってしまう。また，これら候補者を受け入れるにあたっての施設の負担額（斡旋手数料や研修費等）は，就労開始までに，候補者1人当たり115万円と試算されているし[7]，その後も，寮や管理費，国家試験受験対策費等に多額の費用がかかっているが，それら費用が無駄になってしまう。

第二に，宗教上の問題である。インドネシア人介護福祉士候補者の多くは
イスラム教徒である。イスラム教徒は１日に５回の礼拝を日課とし，日中は
一切の飲食ができない断食月があり，女性の中にはスカーフで頭を覆う人も
いる。受け入れ施設の中には，これらの宗教上の制約に配慮しない所もある
という。

　以上のように，EPAによる看護・介護人材導入は，いろいろな課題があ
る制度ではある。しかし，現在でも不足し，これからますます需要が高まる
であろうことは間違いない分野の人手不足を緩和するために，これら外国人
の人材は不可欠な存在である。来日した候補者に，いかに有資格者となって
もらい，宗教上の配慮もして定住してもらえるかは，今後の大きな課題とな
るだろう。

(2)　技能実習生

　外国人技能実習制度とは，アジアを主とした外国人に日本の技術を習得さ
せるための制度である。その人数は，**図表４‐７**の通り増加の一途をたどっ
ている。

　この制度を悪用し，技能実習生という名目で外国人を受け入れ，わずかな
「研修手当」で働かせている例が後を絶たない。最低賃金を大幅に下回る賃
金や賃金未払いだけでなく，違法な残業，強制貯蓄（給与の天引き），パス
ポートの取り上げ等の悪質な待遇も見られるという。

　この技能実習の期間は最長５年で，技能実習という目的を全うするために，
就労先を変更することはできない。受け入れ企業に問題があったとしても，
それを申告すると途中で帰国しなければならないため，悪質な待遇の中でも

図表４‐７　技能実習生受け入れ数の推移

年	人数
2014	167,626
2015	192,655
2016	228,588
2017	274,233
2018	328,360

出所：厚生労働省「平成30年末現在における在留外国人数について」。

泣き寝入りしていることが多いと推測される。

　厚生労働省の調査では，「在籍している技能実習生全員に，恒常的に月80時間を超える時間外・休日労働（最長者は月105時間）を行わせ，1日しか休日がない月がある等，違法な時間外・休日労働を行わせていた」「賃金台帳に，労働日数，時間外・休日労働時間数を実際よりも過少に記載していた」「直近6か月間より前の労働時間の記録が破棄され，記録が保管されていなかった」等の悪質な事例が，多数報告されている[8]。

　以上のように，技能実習は，極めて問題が多い制度であると考えられる。

⑶　「特定技能」労働者

　政府は2018年の出入国管理法改正で，「特定技能」という在留資格を創設した。これは1号と2号に分かれ，1号は介護・外食・建設・ビルクリーニング等の14分野，2号は建設業と造船・舶用工業の2分野である。この在留資格を取得するには，各分野の技能試験と日本語の試験に合格する必要がある[9]。

　この特定技能という在留資格の創設は，日本にとって大きな転換点である。その理由は以下の通りである。

　第一に，初めて不熟練労働者の就労を受け入れるための在留資格を設けたことである。これまでは，不熟練の外国人の就労は（後述する日系人以外は）原則認められなかったため，それに代わる形で，技能実習生や留学生が不熟練労働を担っていたが，初めて，不熟練労働者にも，確たる在留資格に裏付けられる形での就労を認めるようになったのである。しかも，この特定技能においては，同じ労働に携わる日本人と同等待遇とすることが定められ（技能実習制度では禁止されている），雇用主の変更，すなわち転職も禁止されていない。

　第二に，定住を認める特定技能2号の制度を創設したことである。これにより，外国人の不熟練労働者に定住の道が開かれたのである。

　この特定技能の創設は，日本の出入国管理上からは，不熟練労働者をフロントドアから受け入れることになったという意味で，そして労働者の側から見れば，悪辣な雇用主から逃れるための転職も可能になり，また2号は定住

と家族の帯同が可能になることで，より人間らしく働き，人間らしく生きることを望みうる制度になったという意味で，評価できるであろう[10]。

　しかし，特定技能の初年度合格者は2,400人と，日本政府の当初見込みの4万人を大幅に下回った。このため，「分野をあらかじめ選んだ上で，その技能と日本語の試験に合格しなければならない」という仕組みが，渡航希望者にとって費用面でハードルとなっており，早く日本に来て働きたいという渡航希望者のニーズを汲んでいない，との見方もある[11]。

(4)　日系人

　日系人とは，かつて移民として海外に渡った日本人の子孫である。南米に多く，ブラジルには約190万人，ペルーには約10万人が居住するといわれる[12]。

　日本政府は，1990年，日系人の日本での就労を許可した。産業界から不熟練労働者の需要が高まっていたため，「血統主義」の下に，「日系」というルーツでの選別による在留資格が創設されたのである。

　その後，日系人の日本での不熟練労働の就労が急増した。2007年末には日本に在住するブラジル人は31万6,967人，2008年末にペルー人は5万9,723人と，過去最多を記録した[13]。

　しかし，2008年のリーマンショック後の不景気が日本を襲うと，多くが派遣や請負という不安定就労であった日系人労働者は，大量に失業したと見られた。そこで日本政府は2009年，当分戻ってこないことを条件に，旅費相当の帰国支援金を渡して帰国を促した。日系ブラジル人を中心に，約2万人が日本を去った。

　しかし，ブラジル人全体の人口が急減した後も，ブラジル人の労働力人口は減少していない。これは，2018年に特定技能制度が新設されるまでは唯一の合法不熟練労働者であった日系人に対する労働力需要が，継続していたからだと考えられる[14]。

　そして同年には，日系四世に対する新制度が創設された。しかしこれは，18〜30歳の四世のみを対象としており，日本に対する理解や関心を深めて海外日系社会との懸橋となる人材育成を目的とした制度で，就労を主目的とし

たものではないため，初年度は数人しか申請がなかったという[15]。

(5) 外国人留学生

外国人留学生とは，留学という在留資格で入国し，大学その他の教育機関に籍を置く者である。この留学生にも，週に28時間までの就労が認められている。この「資格外活動」により，アルバイト等の形式で就労する者は37万人に達し，人手不足のコンビニ等において貴重な労働力となっている。

図表4-8は，大手コンビニの外国人従業員数と，その全従業員数に占める割合を示している。4社平均では，6.8%が外国人となっている。

外国人留学生が貴重な労働力となっている職場は，コンビニだけではなく，宅配便の仕分けや弁当工場の夜のシフト等，数多くあるといわれる。外国人留学生は，就労資格で来日しているのではないにもかかわらず，労働力不足が深刻な日本において，不可欠な労働力となっているのである。

それゆえに，留学という在留資格で入国し，複数のアルバイトの掛け持ちで週28時間の上限以上に働く「出稼ぎ留学生」の存在が，しばしば指摘される。就学目的の入国という本来の趣旨から逸脱しないよう，監視の目が必要であろう。

図表4-8 大手コンビニの外国人従業員数と全従業員に占める割合 (2018年)

コンビニ名	外国人従業員数 (万人)	全従業員数に占める割合
セブン-イレブン	3.1	7.9%
ファミリーマート	1.0	5.0%
ローソン	1.1	5.8%
ミニストップ	0.33	9.7%
4社合計または平均	(合計) 5.53	(平均) 6.8%

出所：『毎日新聞』2018年9月15日。

(6) 高度専門人材

人口減少に伴い，今後は高度人材も不足するであろうことが予想される。

一方で，現在，世界では高度人材の獲得競争が激化している。欧米の先進諸国はもとより，シンガポール・中国・台湾といった後発国も，様々な優遇

図表 4 - 9　ポイント制の対象となる高度人材の活動類型

活動	類型	内容
高度学術研究活動	高度専門職 1 号 (イ)	研究、研究の指導または教育をする活動
高度専門・技術活動	高度専門職 1 号 (ロ)	自然科学又は人文科学の分野に属する知識又は技術を要する業務に従事する活動
高度経営・管理活動	高度専門職 1 号 (ハ)	事業の経営または管理に従事する活動

出所：法務省入国管理局「高度人材ポイント制による出入国管理上の優遇制度」。

措置を講じて，高度な技術と専門性を持つ外国人の招致を図っている。

　日本も2008年，高度人材の受け入れ拡大の方針を固めた。

　まず，2012年から，先進諸国にならい高度人材ポイント制による出入国管理上の優遇制度を導入している[16]。これは，**図表 4 - 9** が示す 3 つの活動分野において，「学歴」「職歴」「年収」「研究実績」等の項目ごとにポイントを設定し，一定点数（70点）に達した場合に出入国管理上の優遇措置を与えるもので，高度外国人材の日本への受け入れ促進を目的としている。

　さらに，2017年には，高い能力と資質を備えた外国人が 1 年で永住資格を取得できる，「日本版高度外国人材グリーンカード」制度が制定された[17]。これは，70点以上のポイントで高度外国人材として認められた者について，永住許可申請に要する在留期間をそれまでの 5 年から 3 年に短縮し，さらに，高度外国人材の中でも特に高度と認められる者（80点以上のポイントに達する者）については，1 年に大幅に短縮するというものである。

　また，2018年には，高度外国人材の募集のためのウェブサイト[18]を開設した。

　なお，日本を含む世界主要国において，高度人材に占めるプレゼンスが大きいのは，中国人であるという[19]。

おわりに

　以上に見てきた通り，日本において，少子高齢化による労働力減少は急速に進展している。この労働力不足社会の中では，外国人労働者に関して，「受け入れるか否か」という段階ではなく，「いかに受け入れるか」という段階に来ていることは明らかである。

しかし，外国人労働者を受け入れるには，そのための環境作りが重要であるが，現在の日本ではまだまだそれが整っていない面もある。例えば，先述の，イスラム教徒である看護師・介護福祉士への配慮である。人手不足の看護・介護分野の担い手として日本に定住してもらうには，宗教上の配慮が欠かせない。

　また，外国人労働者の子どもの教育の問題もある。日系人労働者は家族の帯同が許可されているが，その子どもは，日本語という壁のため，日本の学校になじめず不登校になるケースが各地で報告されている。日本語能力が十分でない高校生の中退率は，それ以外の生徒と比べ7倍以上で，9％を超えるとの報告もある[20]。

　外国人労働者の家族の呼び寄せは，日本ではまだそれほど顕在化していない。技能実習生は家族呼び寄せが禁じられており，2018年より始まった特定技能1号労働者も同様であり，さらに東南アジアからの看護師・介護福祉士は，定住可能な日本の国家試験の合格者が，まだ限られているからである。

　しかしいずれ，特定技能2号労働者や，日本の国家試験に合格した看護師・介護福祉士が数多く定住するようになると，その家族の定住に伴う様々な問題が見られるようになってくるであろう。

　少子高齢化に伴う労働力不足が不可逆的に進行する中，外国人労働者との共生は避けられない問題である。いかに外国人の隣人と共生するか。これは我々一人ひとりが考えるべき課題であるだろう。

注

1　厚生労働省「『外国人雇用状況』の届出状況まとめ（令和元年10月末現在）」(https://www.mhlw.go.jp/stf/newpage_09109.html)。
2　注1に同じ。
3　望月［2019］，88-89頁。
4　厚生労働省「第7期介護保険事業計画に基づく介護人材の必要数について」(2018年)(https://www.mhlw.go.jp/file/04-Houdouhappyou-12004000-Shakaiengokyoku-Shakai-Fukushikibanka/0000207318.pdf)。
5　宮島・鈴木［2019］は，この低賃金の一因として，介護は長らく家族による無償労働でなされるべきものと見なされてきたために，専門職としての社会的評価が低いことを指摘する（23頁）。

6 厚生労働省「介護労働の現状」（2018年）（https://www.mhlw.go.jp/content/12602000/000482541.pdf），5-8頁。

7 武中［2017］，67-68頁。

8 厚生労働省「技能実習生の実習実施者に対する監督指導，送検等の状況（平成30年）」（https://www.mhlw.go.jp/content/11202000/000536124.pdf），3頁。

9 なお日本で3年間の技能実習を終えた者も特定技能に切り替え可能である。

10 特定技能という在留資格を新設したことで，問題が多い技能実習制度は廃止して，特定技能に一本化すべきであるとの声もある。

11 『日本経済新聞』2020年2月22日。

12 2017年の数字（（公財）海外日系人協会（http://www.jadesas.or.jp/aboutnikkei））。なお，これらの人々が南米に数多く居住している経緯は，ブラジルの場合，1900年代初頭，広大な土地を有するブラジルで農業労働者が不足していた一方で，日本の農村は貧しく，日本政府はブラジルへの移民を奨励したのである。

13 松宮［2019］，181頁，法務省「在留外国人統計（旧登録外国人統計）統計表」（http://www.moj.go.jp/housei/toukei/toukei_ichiran_touroku.html）。

14 丹野［2018］，9頁。

15 法務省入国管理局「日系四世の更なる受入制度」（http://www.moj.go.jp/nyuukokukanri/kouhou/nyuukokukanri07_00166.html）。

16 馬［2019］，134頁。

17 法務省「『日本版高度外国人材グリーンカード』の創設」（http://www.immi-moj.go.jp/newimmiact_3/pdf/h29_04a_minaoshi02.pdf）。

18 高度外国人材活躍推進ポータル（https://www.jetro.go.jp/hrportal）。なお，中国や台湾等も同様の高度人材招致のためのウェブサイトを開設している。

19 馬［2019］，135頁。

20 『朝日新聞』2018年9月30日。

引用・参考文献

国立社会保障・人口問題研究所［2018］『日本の将来推計人口（平成29年推計）』。

武中朋彦［2017］「外国人介護人材の受け入れについての課題と対策—自法人での外国人介護人材の受け入れ対策のあり方」『商大ビジネスレビュー』第7巻第3号。

丹野清人［2018］「日本における外国人労働者政策の現状・課題と今後の展望」『都市問題』第109巻第9号。

馬文甜［2019］「第6章 高度人材移民の移住過程—来日する中国人留学生の事例を通じて」駒井洋監修・是川夕編『人口問題と移民—日本の人口・階層構造はどう変わるのか』明石書店。

松宮朝［2019］「第8章 リーマンショック後の南米系住民の動向と第二世代をめぐる状況」駒井洋監修・是川夕編，同。

宮島喬・鈴木江理子［2019］『外国人労働者受け入れを問う〈新版〉』岩波書店。

望月優大［2019］『ふたつの日本—「移民国家」の建前と現実』講談社現代新書。

第5章

メガ競争と多国籍企業

はじめに

　1990年からこれまでの30年間，東アジアでは世界経済に大きな影響を与えた様々な出来事が起きた。日本は1991年にバブル経済の崩壊による需要の減退やデフレの進行がもたらした「人員過剰」「債務過剰」「設備過剰」の3つの過剰に苦しみ，かつてないほどの長期不況を経験した。これに対し，中国は1992年に鄧小平の「南巡講話」を契機とした本格的な対外開放を行い，日米欧の多国籍企業を積極的に誘致することによって世界第二の経済大国に成長した。

　韓国は，大手財閥企業が経営資源を半導体等のIT（Information Technology：情報技術）産業に集中させ，短期間に先進諸国へのキャッチアップを果たし，世界経済の重要な一翼を担うようになった。そして台湾はEMS（電気電子機器受託製造サービス）及び半導体集積回路の生産を請け負うファンドリーサービス（foundry service）を中心にIT産業への参入を

進めている。その結果，台湾のIT産業は世界市場に高いシェアを獲得するに至った。

　このように1990年代以降，中国を中心とする東アジアの新興国は著しい経済成長を遂げている一方，米国を中心とする日米欧先進国の経済的地位が相対的に低下している。

　2000年代に入り，ICT（Information and Communication Technology：情報通信技術）の進展により，GAFA（Google・Apple・Facebook・Amazon）をはじめとするIT多国籍企業の出現は，世界経済を取り巻く競争環境を大きく変容させた。その結果，大量生産・大量消費を前提にした従来の製造業多国籍企業の地位は相対的に低下している。同時に東アジアでは，IT多国籍企業に牽引された台湾，韓国の多くの電子部品企業やEMS企業，及び安価な労働力を武器に「世界の工場」として台頭した中国企業は，様々な分野における世界市場でのシェアを急速に伸ばしている。

　また，1990年代以降，EU（欧州連合），NAFTA（北米自由貿易協定），AFTA（ASEAN Free Trade Area：ASEAN自由貿易地域）等の巨大な域内市場ないし関税同盟が成立したため，差別的な扱いを受ける非加盟国はEPA（経済連携協定）やFTA（自由貿易協定）の締結を加速させた。そしてWTO（世界貿易機関）の枠組みだけでは自国企業の利益を守れなくなり，さらにEPA/FTAの推進に遅れを取った日本・中国・韓国等の東アジア諸国は，2000年代に入ってからようやく積極的に各国とEPA/FTAを締結するようになった。その結果，特に東アジア地域において多くの多国籍企業は，急増するEPA/FTAのネットワークを利用することによって東アジアの域内貿易を拡大し，東アジアの経済圏を形成させた。

　本章では，多国籍企業とそれによる海外直接投資の基礎知識を解説しながら，近年頭角を現している東アジア地域の多国籍企業とその成長を様々な角度から検討する。第1節では，近年の多国籍企業と海外直接投資の進展について解説する。第2節では，東アジア地域に焦点を当て，その多国籍企業の成長を振り返る。第3節では，メガ競争の時代と東アジア地域経済の統合を解説する。そして最後は本章のまとめである。

1 多国籍企業と海外直接投資

(1) 多国籍企業とは

　「多国籍企業（Multinational Corporations）」という言葉は，1960年に米国で開かれたシンポジウムにおいて，リリエンソール（Lilienthal, D.E.）の講演で初めて登場した。その当時，リリエンソールは多国籍企業を次のように定義した。

　すなわち，「アメリカの多くの巨大な企業や中規模な会社でさえ，すでにいろいろな仕方で他国において事業を行っている。この場合，実際に経営するということが重要な点であり，それらは有価証券投資のように単に融資上の利害関係をもつということを意味していないし，また単に販売代理店，ディストリビューターに事業活動を委託するだけということをも意味しない。それらは会社の経営責任を直接に伴う産業もしくは商業活動を特に指しているわけである。そのような会社—つまり一国に彼らの本社を持ち，しかもその上，他国の法律と習慣のもとに活動し，生きている会社—を多国籍企業と定義する」[1]と。

　リリエンソールは「実際に経営する」という企業の意図を強調しながら，2ヵ国以上で事業活動を行っている企業の特徴をまとめることによって多国籍企業という言葉を使用している。

　多国籍企業という企業形態は，リリエンソールが定義付けを行う前にすでに存在していた。しかし，それまでの多国籍企業の行動様式を説明する理論は，資本収益率や利子率の国際的格差の裁定を根拠とした資本移動論が主流であった。1960年にハイマー（Hymer, S.）はマサチューセッツ工科大学（Massachusetts Institute of Technology）で，直接投資と証券投資を区別し，直接投資先の企業を支配（control）することを強調している博士論文を完成させた。ハイマーのこの博士論文は後の多国籍企業の研究に重要な方向性を示し，多国籍企業研究のバイブル的な存在となった。

　1970年代以降，「多国籍企業」という言葉はようやく定着し，その概念に

ついて異なった視点によってまた様々な定義が行われた。例えば，国連では多国籍企業を「多国籍企業とは本拠のある国以外で生産またはサービスの設備を所有もしくは支配している企業である」[2]としている。ダニング（Dunning, J.）は「所得を生む資産を複数の国において所有し，支配している」[3]企業を多国籍企業と定義している。これらは多国籍企業の定義について様々な側面から行われたものではあるが，基本的には事業活動の範囲を「国内と海外」，その形態を「海外子会社を所有もしくは支配」と定義付けている。

(2) 海外直接投資の定義

多国籍企業の定義に示されたように，多国籍企業の基本的な行動パターンは海外直接投資を行っていることである。OECD（経済協力開発機構）[4]によると，海外直接投資とは，ある国・地域（economy）の居住者（投資家）が，その国・地域以外に居住する企業（被投資企業）に「継続的に関与する権利（lasting interest）」を確立することを目的としたクロスボーダー投資である。

「継続的に関与する権利」とは，投資家と被投資企業の間に長期的な関係が存在し，企業の経営に「重要な影響（significant degree of influence）」を与えることを意味する。具体的な「継続的に関与する権利」について，投資家が被投資企業の「議決権（voting power）」の10％以上を直接的または間接的に所有することによって得られる権利と規定されている。

また，IMF（国際通貨基金）はOECDと同様な定義を用い，海外直接投資について次のように記している[5]。直接投資とは，ある国・地域の居住者が他の国や地域に居住する企業の経営に対して支配力（control）または重要な影響力を取得することに関連するクロスボーダー投資である。そして毎年OECDとIMFは世界各国・地域の海外直接投資を公表しているため，国際比較を行うことが可能である。

これまで述べたように，多国籍企業という言葉の出現，定義及び本格的な研究はすべて1960年代以降のことである。したがって，本章で取り上げている多国籍企業は主に1960年代以降発展して成長してきたものである。

(3) 多国籍企業の影響力

　近年，多国籍企業とそれによる海外直接投資は，世界経済において極めて重要な位置を占めている。**図表5-1**は2018年度「フォーチュン・グローバル500（FORTUNE GLOBAL 500）」と世界各国のGDPを示したものである。フォーチュン・グローバル500（以下，フォーチュン500と略記）は，フォーチュン誌が世界の多国籍企業を対象に当該年度の売上・収益（Revenues）によってランク付けした世界上位500社の多国籍企業である。GDPとは，国内で一定期間の間に生産されたモノやサービスの付加価値の合計である。売上高とGDPは基本的に異なった概念であるため単純比較はできないが，ここではあえてそれを比較することによって多国籍企業の規模の大きさを浮き彫りにする。

　図表5-1に示されたように，特に巨大多国籍企業の年間売上高は多くの国々のGDPを大きく上回っている。例えば，米企業のウォルマート（Walmart）の2018年度の売上高は人口約6,900万人（2017年現在）のタイのGDP（世界26位）を上回っている。日本企業のトヨタ自動車の2018年度の売上高は人口約9,700万人（2017年現在）のエジプトのGDP（世界45位）を超えている。

図表5-1　2018年度FORTUNE GLOBAL 500と世界各国の名目GDP　（単位：億ドル）

順位	企業名	国・地域	売上高	順位	国・地域	名目GDP
\	Fortune Global 500 上位10社			\	各国・地域の名目GDP	
1	Walmart	アメリカ	5,144.05	1	アメリカ	205,802.50
2	Sinopec Group	中国	4,146.50	2	中国	133,680.73
3	Royal Dutch Shell	オランダ	3,965.56	3	日本	49,717.67
4	China National Petroleum	中国	3,929.77			
5	State Grid	中国	3,870.56	25	アルゼンチン	5,194.87
6	Saudi Aramco	サウジアラビア	3,559.05	26	タイ	5,049.28
7	BP	イギリス	3,037.38			
8	Exxon Mobil	アメリカ	2,902.12	44	フィンランド	2,742.10
9	Volkswagen	ドイツ	2,783.42	45	エジプト	2,495.59
10	Toyota Motor	日本	2,726.12	46	チェコ	2,452.26

出所：FORTUNE GLOBAL 500, IMF, World Economic Outlook Databasesより作成。

また，多くの巨大多国籍企業の生産規模は中規模の国のGDPを上回っている。そして，こうした巨大多国籍企業は海外直接投資を行う際に，特に発展途上国の経済発展・技術向上・雇用問題等に大きな影響を与えている。

　例えば，『中国統計年鑑（2018）』によると，2017年度において中国に進出している外資系企業による輸出は，中国の輸出総額の43%を占めている。つまり，多国籍企業はこれまでの中国の飛躍的な経済発展に大きな貢献を果たしている。そして，中国の経済発展はさらに多くの多国籍企業を中国に引き寄せる好循環を生み出している[6]。その結果，中国は2010年に日本のGDPを抜いて世界第2位の経済大国となり，中国企業のグローバル化も飛躍的に進展するに至った。

　図表5-2は1970年から2018年にかけて世界の直接投資に占める先進国と発展途上国の割合を示したものである。これによれば，1980年代までの海外直接投資はほとんど先進国によるものであるが，1990年代に入って発展途上国による海外直接投資の割合は上昇する傾向にあり，2018年に全体の4割以上を占めるようになった。

図表5-2 世界の直接投資に占める先進国と発展途上国の割合

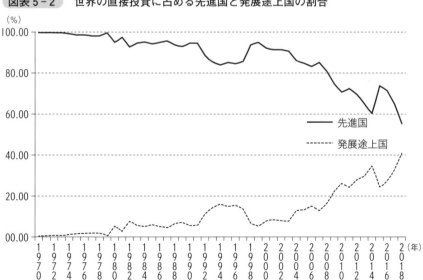

出所：UNCTAD, FDI/MNE databaseより作成。

図表 5 - 3 は1970年から2018年にかけて世界の対内投資（直接投資の受け入れ）に占める先進国と発展途上国の割合を示したものである。図表に示されたように，2000年代前半までは，先進国への海外直接投資は全体の6割以上を占めているが，2000年代後半になると，先進国と発展途上国との格差は急速に縮小し，2014年と2018年に逆転現象が見られた。

　また，国連のデータ[7]によると，2018年度において中国及びNIEsによる対外直接投資と対内投資（直接投資の受け入れ）はそれぞれ世界全体の30.48%，27.28%を占めており，この比率に日本を加えるとそれぞれ44.59%と28.04%に達している。21世紀に入ってから海外直接投資における日本・中国及びNIEsを含む東アジアの多国籍企業の存在は無視できなくなっている。

　次節では，特に東アジア地域の多国籍企業の成長について見てみよう。

図表 5 - 3　世界の対内投資に占める先進国と発展途上国の割合

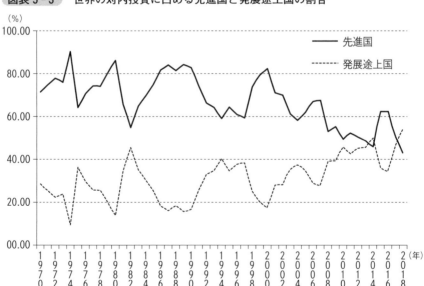

出所：図表5-2と同じ。

2 東アジア地域の多国籍企業

(1) 東アジア地域の経済発展

　第二次世界大戦直後，国土の大半が焼け野原と化した東アジアとヨーロッパ諸国とは対照的に，戦火から逃れた米本土は生産設備が温存され，他の国と比べると圧倒的な経済力を持っていたため，米企業は世界各地で事業展開を行うことが可能であった。これに対し日本は，1950年代の朝鮮戦争特需，1960年代の高度成長期，1970年代の安定成長期を経て経済を立て直した。そして日本企業は，1985年のプラザ合意がもたらした急激な円高を契機として積極的に海外生産を行うようになった。

　韓国は1960年代後半以降，輸出志向型工業化政策，朴正熙政権の開発独裁，日本と米国による経済支援や技術援助等によって急速に復興し，「漢江の奇跡」といわれた経済成長を遂げた。また，1985年のプラザ合意に端を発した円高ドル安の進展により，ウォン安・金利安・原油安という「三低景気」をもたらし，韓国経済はさらに成長した。韓国企業は1990年代に入ってようやく海外直接投資を徐々に展開した。1997年のアジア通貨危機を機に低迷が続いたが，IMFの管理下で行われた金融構造改革等によって通貨危機不況を乗り越え，2000年代に入ってから海外直接投資を本格的に始めた。

　中国では1978年に改革・開放路線を打ち出したが，1990年代初頭までは依然として中国が社会主義か資本主義かという論争が続いた。そこで1992年，鄧小平が南部都市を視察した際に改革の加速を指示した（南巡講話）。この改革開放の指示を受け，同年10月の第14回共産党大会では従来の計画経済から市場経済への移行を宣言して「社会主義市場経済」を掲げ，積極的に外資導入を行うことによって急速な経済成長を実現した。そして1999年に中国政府は輸出の拡大と国有企業による海外進出政策（走出去政策）を打ち出し，自国企業のグローバル化を本格的に推進するようになった。

　政治的に中国と対立している台湾は，1949年に国民党政府を率いた蔣介石が毛沢東を中心とした共産党との内戦で敗北して台湾に逃れ，「中華民国が

中国の正統政権」「中国大陸反攻政策」との立場を貫いていた。これに対し，毛沢東は国民党との内戦で勝利を収め，中華人民共和国を建国した。

　その後，世界各国は毛沢東が率いている中華人民共和国を中国合法政権と認める傾向が強まり，1971年10月の国連総会では中華人民共和国を中国の正当な政権と認めるアルバニア決議が採択された。その結果，蔣介石は中国大陸を反攻して中国での政権を奪還する希望が絶たれた。そして中国は世界各国に「台湾は中国の一部」を認めるように圧力を強め，2020年現在，台湾を中華民国として承認している国家はわずか15ヵ国しかない。

　アルバニア決議が採択された後，当時の行政院長（首相に相当）を務めていた蔣介石の息子，蔣経国はこれまでの政府政策を中国大陸反攻から台湾経済発展へとシフトさせた。十大建設[8]をはじめとしたインフラ整備を急速に推進し，東アジアにおける台湾の経済的な地位を固め，韓国・香港・シンガポールとともにアジア四小龍と呼ばれるようになった。そして1980年代後半になると，台湾ドル為替相場の急激な上昇と外為規制の緩和，さらに1990年代初頭の対中投資緩和を契機として，台湾企業は海外直接投資を積極的に行うようになり，グローバル化が急速に進むようになった。

(2)　中国・韓国・台湾企業の台頭

　前述したように，中国・韓国・台湾等の東アジア新興国は，1990年代から2000年代にかけて急速なグローバル化の進展とともに企業の多国籍化も加速している。

　図表5-4は1995年から2019年までにフォーチュン500にランクインした主要国・地域の企業数の推移を示したものである。図表に示されたように，フォーチュン500にランクインした日本企業は1995年の148社から2019年の52社に激減した。これに対し，中国は1995年にランクインした企業が3社と少なかったが，年を追って順調に増加し，2012年に毎年減少している日本を上回って73社となり，2019年には119社となって121社の米国に迫っている。

　そして先進国の中で，特に日本・米国・ドイツ及びイギリスのランクイン企業は大幅な減少を見せているのに対し，韓国・台湾は徐々に増えている。特に1990年代に入ってから，東アジアにおける新興国の多国籍企業は着実に

図表5-4 FORTUNE GLOBAL 500にランクインした主要国・地域の企業数

(単位：社)

国＼年	1995	1996	1997	1998	1999	2000	2001	2002	2003	2004	2005	2006	2007
アメリカ	148	150	159	172	181	175	181	198	191	188	174	170	153
中国	3	1	2	3	5	9	11	11	11	15	16	20	29
日本	148	141	126	112	100	107	104	88	88	82	81	70	64
フランス	35	35	35	33	35	33	33	33	36	32	34	29	29
ドイツ	42	38	39	40	39	34	32	33	34	32	35	33	34
イギリス	35	34	36	37	40	40	35	35	36	37	37	39	35
韓国	8	12	13	12	9	12	11	12	13	11	11	12	15
スイス	14	16	14	12	11	11	11	11	11	12	11	11	13
カナダ	5	6	6	8	12	12	15	16	14	13	13	14	14
オランダ	12	12	12	13	10	11	12	12	14	15	17	16	15
台湾	2	1	1	2	2	1	0	2	1	1	2	3	6

国＼年	2008	2009	2010	2011	2012	2013	2014	2015	2016	2017	2018	2019	
アメリカ	153	140	139	133	132	132	128	128	134	132	126	121	
中国	29	37	46	61	73	89	95	98	103	109	111	119	
日本	64	68	71	68	68	62	57	54	52	51	52	52	
フランス	33	31	31	27	25	31	31	31	29	29	28	31	
ドイツ	34	36	34	32	29	29	28	28	28	29	32	29	
イギリス	35	27	30	31	27	27	28	29	26	24	21	17	
韓国	15	14	10	14	13	14	17	17	15	15	16	16	
スイス	13	14	14	14	14	14	13	12	15	14	14	14	
カナダ	14	14	11	11	11	9	10	11	11	11	12	13	
オランダ	15	13	15	13	13	12	13	14	13	15	15	11	
台湾	6	6	8	8	6	6	5	8	7	6	9	10	

出所：FORTUNE GLOBAL 500より作成。

成長しており，先進国と競争しながらその格差を確実に縮小している。

　2019年にランクインした上位100社の内訳について，米国と中国はそれぞれ35社と22社で合わせて半分以上を占めており，日本・ドイツ及びフランスはそれぞれ8社，8社，6社にとどまり，韓国と台湾はそれぞれ3社と1社がランクインした。

　図表5-5は1995年度と2019年度のフォーチュン500のトップ10社を示したものである。**図表5-5**に示されたように，1995年度においてトップ10社の中，日本企業は6社，米企業は3社，オランダ企業は1社であった。そしてランクインした日本企業は三菱商事・三井物産・伊藤忠商事・住友商事・丸紅及び日商岩井の6社で，すべて総合商社であった。

　2019年度になると，日本企業はトヨタ自動車のみ，米企業は2社であるの

図表 5 - 5　FORTUNE GLOBAL 500にランクインしたトップ10社（1995年と2019年）

（単位：億ドル）

順位	Fortune Global 500 上位10社（1995）			Fortune Global 500 上位10社（2019）		
	企業名	国・地域	売上高	企業名	国・地域	売上高
1	Mitsubishi Corporation	日本	1,758.36	Walmart	アメリカ	5,144.05
2	Mitsui & Co., Ltd.	日本	1,714.91	Sinopec Group	中国	4,146.50
3	Itochu Corporation	日本	1,678.25	Royal Dutch Shell	オランダ	3,965.56
4	Sumitomo Corporation	日本	1,624.76	China National Petroleum	中国	3,929.77
5	General Motors Corporation	アメリカ	1,549.51	State Grid	中国	3,870.56
6	Marubeni Corporation	日本	1,501.87	Saudi Aramco	サウジアラビア	3,559.05
7	Ford Motor Company	アメリカ	1,284.39	BP	イギリス	3,037.38
8	Exxon Corporation	アメリカ	1,014.59	Exxon Mobil	アメリカ	2,902.12
9	Nissho Iwai Corporation	日本	1,008.76	Volkswagen	ドイツ	2,783.42
10	Royal Dutch/Shell Group	オランダ	948.81	Toyota Motor	日本	2,726.12

出所：FORTUNE GLOBAL 500より作成。

に対し，中国企業は3社がランクインした。世界経済においては米国と中国の2強の構図が鮮明になりつつある。

　また，中国，韓国及び台湾企業の追い上げによって，かつて世界市場を席<ruby>席<rt>せっ</rt></ruby>巻した日本の電気機械産業等の世界市場シェアは急速に縮小している。多くの日本の名門企業は相次ぎ中国や台湾企業に買収された。例えば，2011年に中国の「ハイアール（Haier Group）」は三洋電機を，2016年に中国の「美的集団（Midea Group）」は東芝の白モノ家電事業を，同じく2016年に台湾の「鴻海精密工業（Hon Hai Precision Industry）」はシャープを買収した。

　図表5 - 6は世界各国・地域の半導体製造装置の市場シェアを示したものである。日本をはじめ，北米，欧州の先進国の半導体製造装置の市場シェアは2005年から一貫して低下傾向にある。これに対し，2005年度の中国，台湾及び韓国の世界市場シェアはそれぞれの4.2%，17.8%，16.1%だったが，

図表 5 - 6　世界各国・地域の半導体製造装置の市場シェア（売上高）　　　（単位：%）

年度	2005	2006	2007	2008	2009	2010	2011	2012	2013	2014	2015	2016	2017	2018
日本	25.3	22.0	22.2	24.7	11.2	11.2	13.5	8.5	10.5	12.1	15.5	10.1	12.2	14.5
北米	17.9	17.6	15.5	22.2	15.5	17.3	20.6	22.1	16.2	21.1	13.2	10.3	9.0	10.4
欧州	9.9	8.3	6.8	9.4	4.5	7.5	8.9	6.3	6.1	6.8	4.6	6.0	6.7	6.2
韓国	16.1	18.5	15.6	15.6	21.0	18.9	24.2	18.5	18.4	20.4	18.3	20.7	34.2	23.4
台湾	17.8	18.6	25.9	13.3	31.1	26.5	17.8	31.6	29.8	23.4	27.5	30.0	17.0	19.1
中国	4.2	6.2	7.2	5.4	6.4	9.7	7.8	7.0	13.1	10.4	15.2	14.9	14.6	20.9
その他	8.9	8.9	6.9	9.4	10.4	8.9	7.2	6.1	5.9	5.9	5.8	8.0	6.4	5.6
合計	100	100	100	100	100	100	100	100	100	100	100	100	100	100

出所：（一社）日本半導体製造装置協会の統計データより作成。

2018年度はそれぞれ20.9%，19.1%，23.4%に上昇し，合わせて世界の6割以上を握るようになった。

　半導体を使用する代表的な製品の1つであるスマートフォンの市場が急激に拡大した2000年代後半以降，各部品メーカーはシェア拡大のための戦略として自社製品の規格をオープン化した結果，主要部品のモジュール化や共用化が進行した。このことによって，スマートフォンの組み立てに要する生産技術の水準は大幅に低下した。開発やデザインを米国や日本等の先進国で行い，生産を中国・台湾・東南アジアへと移してきた。その結果，開発やデザインされた製品を生産するEMS事業者が急速に成長した。

　例えば，米アップル（Apple）をはじめ，多くのIT関連企業の生産を請け負っている鴻海精密工業は，本社を台湾に置きながら，主な生産拠点を中国に設置した結果，中国で生産されたアップル等のICT関連製品の輸出が急激に増加している。

　これまで見てきたように，1990年代に，韓国企業は本格的に半導体事業に参入し，台湾企業はEMSビジネスとファンドリーサービスに特化することよって半導体事業を成長拡大させ，中国は外資系企業を誘致することによって経済の発展と近代化を実現した。そして近年，中国は積極的に日本，台湾，韓国の半導体産業の技術者の獲得に力を入れて半導体産業を発展させた。

　1990年からこれまでの30年間，東アジアにおいて中国，韓国及び台湾を中心とした新興国は着実に成長して先進国との格差が縮小しているだけではなく，半導体，薄型テレビ，自動車等，多くの産業においてすでに逆転現象が

起きている。

　しかし，2000年代に入ってからのICTの進展により，GAFA等をはじめとしたIT多国籍企業の出現は，従来の製造業多国籍企業の地位を相対的に低下させている。これらのIT多国籍企業は，その競争優位を維持するために絶えず巨額の研究開発費を投入しなければならない。これからの世界経済は熾烈な研究開発メガ競争（Mega competition）時代に突入していくであろう。

　次節ではこのメガ競争時代とそれによってもたらされた東アジア地域経済の変容を見ていく。

3　メガ競争時代と東アジア地域の経済統合

⑴　メガ競争時代の到来

　多国籍企業の進出先の国内企業は，その国内に関する情報すなわち自国の経済・言語・法律及び政治に関する優れた情報に恵まれるという一般的優位性を持っているため，多国籍企業は海外に進出しようとすれば，この不利な点を埋め合わせるための企業特殊的優位性を持たなければならない[9]。知識や技術に関する企業特殊的優位性は，特に企業競争力に大きな影響を与えている。

　売上高研究開発費比率は，企業特殊的優位性を体現する新技術に関する開発の重視度合，企業技術レベル等を表す指標としてよく使用されている。売上高研究開発費比率が高ければ高いほど，その企業の技術レベルは高いと考えられる。

　企業はより高い成長を達成するため，より多くの経営資源を研究開発に投入する必要がある。実際に，Morbey & Reithner（1990）は研究開発活動を積極的に行う企業はそうでない企業よりも高い成長を達成できることを，Chauvin & Hirschey（1993）は研究開発活動が企業価値を高める効果があることをそれぞれ実証的に明らかにした。

また，Kwon（2010）はインドと中国にある韓国企業の海外現地法人168社を取り上げ，その技術優位性は売上規模，売上成長，利益等のパフォーマンスにプラスの影響を与えることを明らかにした。つまり，研究開発の度合が高い企業ほど，その企業の利益パフォーマンスも高くなる。そして，Jorma（2003）は，技術や知識の豊富な企業は自社の技術優位性を利用し，更なる技術優位性を蓄積するために海外直接投資を選好する傾向があることを明らかにした。

　図表5-7は，研究開発費の多い多国籍企業トップ10社を2003年度と2018年度とで比較したものである。近年，ICTが飛躍的に進展することによって，多国籍企業を取り巻く競争環境は大きく変わった。世界経済は研究開発のメガ競争時代に突入している。特にGAFA等のIT多国籍企業の出現は，これまでの伝統的な製造業企業の生産方式，生産システムの構築，さらにビジネスモデルに大きなインパクトを与えている。そしてGAFAをはじめ多くの

図表5-7　多国籍企業の研究開発支出の世界トップ10社（2003年度と2018年度）

2003年度　　　　　　　　　　　　2018年度　　　　　　（単位：10億ドル）

順位	企業名	国	業種	研究開発支出	企業名	国	業種	研究開発支出
1	Ford Motor	アメリカ	自動車	6.8	Amazon	アメリカ	Tech	28.8
2	Pfizer	アメリカ	製薬	6.5	Alphabet (Google)	アメリカ	Tech	21.4
3	DaimlerChrysler	ドイツ	自動車	6.4	Samsung Electronics	韓国	Tech	16.5
4	Siemens	ドイツ	総合電機	6.3	Huawei Technologies	中国	Tech	15.3
5	Toyota Motor	日本	自動車	5.7	Microsoft	アメリカ	Tech	14.7
6	General Motors	アメリカ	自動車	5.2	Apple	アメリカ	Tech	14.2
7	Matsushita Electric	日本	総合電機	4.9	Intel	アメリカ	Tech	13.5
8	Volkswagen	ドイツ	自動車	4.8	Roche Holding	スイス	製薬	12.3
9	IBM	アメリカ	電気機器	4.6	Johnson & Johnson	アメリカ	製薬	10.8
10	Nokia	フィンランド	通信機器	4.6	Toyota Motor	日本	自動車	10.0

注：2018年度のToyota Motorの研究開発支出は2017年度のデータである。
出所：UNCTAD, World Investment Report 2005年版及び2019年版より作成。

多国籍企業は，毎年巨額の研究開発費を費やし，その競争優位を確立しながら世界の市場シェアを拡大している。

図表5-7に示されているように，2003年度の研究開発支出トップ10社はフォード自動車（Ford Motor）をはじめ，ファイザー（Pfizer），ダイムラークライスラー（DaimlerChrysler）等すべて伝統的な製造業であったが，2018年度になるとアマゾン（Amazon），アルファベット（Alphabet）をはじめとしたIT企業7社がトップ10社にランクインした。

また，2003年度の研究開発支出トップ10社にランクインされた多国籍企業はすべて先進国の企業であったが，2018年度になると，韓国のサムスン（Samsung Electronics）と中国のファーウェイ・テクノロジーズ（Huawei Technologies）がそれぞれ3位と4位になった。これらの多国籍企業の研究開発費の規模を見てみると，2018年度のトップ企業アマゾンの研究開発費は，2003年度のトップ企業フォード自動車の4倍も支出している。

UNCTAD（United Nations Conference on Trade and Development：国際連合貿易開発会議）によると，世界の多国籍企業トップ100社の研究開発支出は，世界の民間企業全体の3分の1以上を占めており，ICT・製薬及び自動車産業が最も多くの資金を研究開発に投入している[10]。2018年度は先進国，特に米企業の研究開発が依然として圧倒的な強さを見せているが，韓国等の新興国企業も少しずつ頭角を現し始めている。新興国多国籍企業上位100社の内，売上高研究開発比率が5％を超える新興国企業はわずか数社とまだ少ないが，徐々に増えつつある。

近年，中国，台湾及び韓国企業は，特にICT分野で急速な発展を遂げている。2017年度の売上高研究開発費率の高い新興国多国籍企業上位15社の内訳を見ると，中国が7社，台湾が5社，韓国が2社，インドが1社となっており，これらの企業の多く（9社）はICT関連企業である[11]。

(2) 東アジア地域の経済統合

現在のIT/ICT産業を支えているのは，紛れもなく半導体技術である。東アジアにおける中国・台湾及び韓国の半導体製造装置の市場シェアは，2018年度現在，世界シェアの6割以上を握っている。IT/ICTの活用に加え，電

機・機械・自動車部品等のモジュール化の進展により，多国籍企業は国際分業をさらにスムーズに行うことができる。

　実際，多国籍企業はIT/ICTを活用しながら，国際分業を人件費や操業コストが比較的に低い中国・韓国・台湾ないし東南アジアで積極的に展開している。具体的には，多国籍企業は部品や半製品を海外生産拠点に輸出して特定の加工工程を施し，完成した製品を再び国内に輸入または第三国に輸出する企業内貿易（intra-firm trade）を行う。企業内貿易とは，多国籍企業の本社と海外子会社との間の，あるいは海外子会社相互間の企業内取引である。

　UNCTADのデータによると，多国籍企業が行っている貿易は世界貿易全体の3分の2を占めている。つまり，世界貿易の3分の1は多国籍企業による企業内貿易である[12]。企業内貿易が国際貿易の大きな部分を占めるようになった主な原因の1つは，製造部品のモジュール化の進展及びIT/ICTの急速な発展にある。多国籍企業は製造部品のモジュール化とIT/ICTを活用して，国際分業の様々な段階で製造・流通プロセスを細かに調整することができる。

　日本企業は1985年のプラザ合意がもたらした急激な円高を契機として，1980年代後半からASEAN 4[13]・NIEs，1990年代から中国，2000年代から「チャイナ＋1」と位置付けられているベトナムに積極的に進出し，企業内貿易を通じて国際生産ネットワークを構築してきた。特に東アジアにおける国際分業では，部品・素材・製造設備を日本から供給し，様々な製造工程を経て最終製品を，東アジアから日本を含めた世界各地に輸出する。また，国際分業は，業種によってその企業内貿易の比率も大きく異なる。

　図表5−8は，2017年度における日本製造業の現地法人による本国親会社への輸出と親会社からの仕入れの地域別・産業別内訳を示したものである。図表に示されたように，日本の現地法人による企業内貿易は，主にアジアに集中している。そして企業内貿易は，主に業務用機械・情報通信機械・汎用機械・生産用機械・電気機械等に集中している。

　現地法人による親会社への輸出を見ると，業務用機械の企業内貿易の比率が最も高く，特にASEAN10[14]とASEAN 4ではそれぞれ輸出総額の70.4%と69.9%を占めている。これらの地域で生産された業務用機械の7割前後は

日本の親会社向けの輸出である。また，現地法人による親会社からの仕入れにおいて情報通信機械が最も高く，特にNIEs 3 （韓国・台湾・シンガポー

図表5-8 2017年度における日本製造業の現地法人による
本国親会社への輸出と親会社からの仕入れの内訳（地域別・産業別）

（単位：%）

	全地域	アジア	中国	ASEAN4	NIEs3	ASEAN10
製 造 業	8.7	14.1	15.1	15.4	8.0	16.1
	20.7	18.7	18.3	17.4	31.5	17.3
食 料 品	5.3	3.6	1.3	8.7	1.4	7.6
	3.1	1.9	1.9	2.4	0.6	1.8
繊　　維	20.4	28.4	29.5	27.1	0.7	31.1
	11.8	11.6	11.3	10.5	5.6	12.8
木材紙パ	7.3	6.6	3.6	6.0	-	9.1
	10.1	14.8	14.6	19.6	-	17.1
化　　学	6.0	7.2	7.5	7.4	7.0	7.5
	25.3	18.7	22.6	10.8	23.8	10.2
石油・石炭	0.9	1.0	0.9	0.1	-	1.5
	18.8	21.9	32.8	18.8	-	12.1
窯業・土石	5.6	13.4	12.1	17.2	13.9	13.8
	26.8	39.0	30.8	38.7	62.5	32.5
鉄　　鋼	0.6	1.0	0.4	1.8	-	1.6
	19.4	25.6	12.7	51.2	4.4	42.9
非鉄金属	10.1	10.4	6.5	12.7	13.6	13.2
	17.6	18.3	9.4	20.0	52.0	19.7
金属製品	8.9	12.2	12.5	9.2	7.2	18.7
	19.2	15.4	11.0	28.0	9.7	26.0
汎用機械	18.7	29.3	34.3	28.1	9.9	27.5
	17.1	12.1	6.9	17.3	25.5	18.6
生産用機械	10.1	19.1	21.0	22.9	8.4	18.9
	29.7	29.9	23.7	29.9	40.5	29.4
業務用機械	43.9	59.7	55.4	69.9	21.2	70.4
	13.8	9.3	10.3	9.0	11.1	7.5
電気機械	15.6	22.0	24.4	22.9	7.7	23.1
	22.7	12.8	10.6	11.6	10.0	13.4
情報通信機械	28.8	37.6	41.9	46.3	13.4	43.5
	41.3	42.8	40.7	34.7	63.1	34.3
輸送機械	3.0	5.4	2.8	8.0	3.8	9.2
	18.0	14.1	15.3	14.6	8.6	14.7
その他の製造業	12.8	25.2	21.1	35.7	11.8	35.8
	17.3	16.4	14.9	11.5	-	14.1

注1：上段：輸出。下段：仕入れ。
　2：NIEs 3は，韓国・台湾・シンガポール。
出所：経済産業省「海外事業活動基本調査」48回調査より作成。

ル）では63.1%にも達している。

　日本の親会社と現地法人間の輸出入を含む企業内貿易全体では，業務用機械・情報通信機械・汎用機械・生産用機械・電気機械に集中している。これらの高付加価値製品，特に情報通信機械はIT/ICTに大きく依存しており，その生産ネットワークは東アジアの新興諸国に大きく依存している。

　また，企業内貿易に加え，2000年代に入ってから日本はシンガポールと初のEPAを締結し，2002年11月に発効した。その後，日本は2006年にマレーシア，2007年にタイ，2008年にインドネシア・フィリピン・ASEAN，2009年にベトナム等とのEPAを発効した。日本の積極的なEPAの取組みは，アジア域内貿易を促進しながら，東アジア地域の経済統合を加速している。

おわりに

　この30年間ほどの東アジア地域経済を振り返ると，新興国の台頭と地域経済の統合が進展し，先進国と新興国との経済格差は急速に縮小している。東アジア新興国の多国籍企業数の増加と規模の拡大が進んでいることに伴い，先進国と新興国による海外直接投資の格差も縮小を見せている。2018年現在，中国及びNIEsの５ヵ国・地域による対外直接投資と対内直接投資は，それぞれ世界全体の３割程度を占めるようになった。また，日本を中心とした多国籍企業は，国際分業ネットワークを人件費や操業コストの比較的低い中国・韓国・台湾ないし東南アジアで構築することによって，企業内貿易を含む東アジアの域内貿易を拡大させている。こうした企業内貿易の進展に加え，2000年代に入って日本や韓国がFTA/EPAの締結に積極的に取り組んだ結果，東アジア地域の経済統合は加速するに至った。

　また，近年多くの多国籍企業がIT/ICTを活用して急成長し，競争環境を一変させた。それがまた製造業の生産工程にも大きな変化をもたらし，大量生産・大量消費を前提にした従来の製造業多国籍企業の地位を相対的に低下させることになった。これと対照的に，GAFA等のIT多国籍企業に牽引された台湾・韓国の多くの電子部品企業やEMS企業は，安価な労働力を武器に「世界の工場」として台頭した中国に積極的に投資を行い，世界の様々な

分野で市場シェアを急速に伸ばしている。

　東アジアは，世界の多国籍企業の主要生産拠点であると同時に，世界最大の消費市場でもある。東アジア新興国の多国籍企業は，規模では先進国の多国籍企業と肩を並べているとはいえ，競争力及び将来発展を大きく左右する研究開発力を見ると，依然として米国を中心とする先進国の多国籍企業に大きなリードを許している。

　特に，IT/ICT産業は現在の経済・社会に欠かせないものであるが，現在世界で導入されているIT/ICT関連技術は，ほぼ欧米の多国籍企業が開発したものである。GAFA等の多国籍企業に優位性があるのは，IT/ICT分野で巨額の資金を投下した研究開発を基にグローバル・スタンダードが確立されたからである。この状況を是正するためにも，技術開発力を持つ日本・中国・韓国及び台湾の企業が協力できる環境を早急に整備する必要がある。

注

1　亀井［1977］，52頁（Lilienthal［1960］, p. 119）。
2　UN［1974］, "The Impact of Multinational Corporations on Development and on International Relations," New York: United Nations, p. 25.
3　Dunning (ed.)［1974］, p. 13.
4　OECD［2008］, "Benchmark Definition of Foreign Direct Investment," Fourth Edition, pp. 48-49.
5　IMF［2009］, "Balance of Payments and International Investment Position Manual," Sixth edition, pp. 100-101.
6　王［2010］。
7　UNCTAD, FDI/MNE database（www.unctad.org/fdistatistics）。
8　1974年から1979年にかけて台湾の行政院長（日本の内閣総理大臣に相当），蔣経国が打ち出した大規模なインフラ整備計画である。具体的には国際空港，北廻線鉄道，西部鉄道電化，台中港，蘇澳港，原子力発電所，南北高速公路，造船業の推進，鉄工業の推進，石油化学工業の推進，等10項目のインフラ整備計画である。
9　Hymer［1960］.
10　UNCTAD［2019］, *World Investment Report*, United Nations, pp. 21-22.
11　*Ibid.*, p. 23.
12　UNCTAD［2001］, *World Investment Report*, United Nations, p. 56.
13　ASEAN 4とは，マレーシア，タイ，インドネシア，フィリピンの4ヵ国を指す。
14　ASEAN10とは，ブルネイ，カンボジア，インドネシア，ラオス，マレーシア，ミャンマー，フィリピン，シンガポール，タイ，ベトナムの10ヵ国を指す。

引用・参考文献

Chauvin, K., Hirschey, M. [1993], 'Advertising, R&D expenditures and the market value of the firm,' *Financial Management*, Vol. 22, pp. 128-138.

Dunning, J. H. (ed.) [1974], "Economic Analysis and the Multinational Enterprise," London, Allen & Unwin.

Hymer, S. H. [1960], "The International Operations of National Firms: A Study of Direct Foreign Investment," Ph.D. dissertation, MIT, USA. (宮崎義一訳 [1979]『多国籍企業論』岩波書店)

Jorma, L. [2003], 'Form of investment by Nordic firms in world markets,' *Journal of Business Research*, Vol.56, pp. 791-803.

Kwon, Y. C. [2010], 'Market orientation of Korean MNC subsidiaries and their performance in the Chinese and Indian markets,' *International Marketing Review*, Vol. 27 (2), pp. 179-199.

Lilienthal, D. E. [1960], 'The Multinational Corporation,' Melvin, A. and Bach, G. L. (eds.), "Management and Corporations, 1985," New York, McGraw-Hill.

Morbey, G., Reithner, R. [1990], 'How R&D affects sales growth, productivity, and profitability,' *Journal of Engineering and Technology Management*, May–June, pp. 11-14.

王忠毅 [2010]「中国の経済発展における外資系企業の影響—中国東北地域を中心に」西南学院大学学術研究所『商学論集』第56巻第3・4号, 251-270頁。

亀井正義 [1977]『多国籍企業論序説—多国籍企業の発達と現状—』所書店。

INTERNATIONAL
BUSINESS

II

第　　　部

国際ビジネスの
実際を学ぶ

第6章

メガバンクのグローバル展開

はじめに

　1990年からの30年間，日本の銀行（邦銀）の国際ビジネスは大きく変化した。1991年までのバブル期には，邦銀は大手行を中心に国際ビジネスを大きく伸展させた。海外拠点を拡充して大幅に融資を伸ばし，ロンドン・ニューヨーク等の金融センターでは，現地法人による証券業務も積極的に展開した。

　しかし，1990年代半ば以降，邦銀は強い逆風にさらされることになった。国内の株価や不動産価格は大幅に下落し，これら資産価格の上昇を前提に実行された融資は急速に不良化した。邦銀には膨大な不良債権が積み上がり，毎年度巨額の処理費用が投入された。邦銀の財務は急速に悪化し，1997年から1998年にかけて大手行の一角で経営破綻が発生した。破綻を免れた他の大手行もリストラ一色となり，海外拠点からの撤収や現地法人の売却・清算が相次いだ。

　不良債権問題が邦銀の経営に及ぼしたインパクトは凄まじく，2000年以降，

邦銀は生き残りをかけた大規模な合従連衡（がっしょうれんこう）を進めた。1980年代末に23行存在した大手行は最終的に5グループに集約され，その中でも資産規模で他を凌駕（りょうが）する3大グループはメガバンクと呼ばれるようになった。

　3大メガバンクは組織再編の過程で金融コングロマリットに移行し，銀行・証券を中心とする金融サービスをグループで一体的に提供するようになった。そして，不良債権問題や組織再編が終息した2006年以降は，再び邦銀の国際業務をリードする存在となった。リーマンショックに端を発した世界金融危機を比較的軽傷で乗り切った3大メガバンクは，グローバル金融市場での存在感を再び高めつつあり，2010年代以降は成長著しい東南アジアを中心に国際ビジネスを積極的に展開している。

　本章では，日本のメガバンクの国際ビジネスを3つの時期に分けて解説する。第1節では1990年代半ばまでの時期を振り返る。この時期は邦銀の国際ビジネスの拡大期であり，黄金期である。第2節では1990年代半ばから2000年代半ばまでの時期を対象とする。この時期は邦銀の国際ビジネスの衰退期であり，邦銀の国際的なプレゼンスが急速に低下した時期にあたる。第3節では邦銀の国際ビジネスの再生期にあたる2005年以降の状況を解説し，最後に今後のメガバンクの国際ビジネスを展望したい。

1　邦銀の国際ビジネス：1990年代半ばまで

(1)　バブル期—国際ビジネスの黄金期

　高度経済成長期以降の日本の企業金融では，都市銀行（都銀），長期信用銀行（長信銀），信託銀行（信託銀）といった大手行が重要な役割を担っていた。これらの銀行は製造業を中心とした大企業の成長を資金面から支え，輸出主導の経済成長に大きく貢献してきた。1980年代半ばには，都銀13行，長信銀3行，信託銀7行の計23行が国内市場でひしめき合い，規制で仕切られた業態の中で激しい競争を繰り広げていた。

　当時は業態内での順位が重視され，銀行の評価は量的指標を中心に行われ

た。顧客企業の海外展開が進むにつれ、国内での競争は海外にも持ち込まれ、1980年代後半のバブル期には各行とも横並びで国際業務を強化するようになった。

　株価が急騰したバブル期には、銀行が保有する株式等の時価と帳簿価格との差額である含み益が大幅に膨らみ、国際業務でも積極的なリスクテイクが行われた。ジャパンマネーによる海外金融機関の買収が相次いだほか、都銀上位行を中心に海外拠点の開設が続き、大手行の海外店舗はこの間急速に増加した（**図表6-1**）。高い格付けを得た大手行は低コストを武器に国際金融市場を席巻<ruby>席巻<rt>せっけん</rt></ruby>し、世界的な存在感を高めた。イギリスの金融専門誌『ザ・バンカー』によると、1990年の世界銀行ランキングで住友・第一勧業・富士の都銀3行が上位3位を独占し、20位までに大手行9行が名を連ねた。邦銀にとって1980年代後半のバブル期は国際ビジネスの黄金期であった。

　当時、大手行の国際業務の主戦場はアメリカとヨーロッパであった。貿易摩擦の激化とプラザ合意後の急速な円高により、日系企業は本格的なアメリ

図表6-1　大手行の海外店舗数の推移

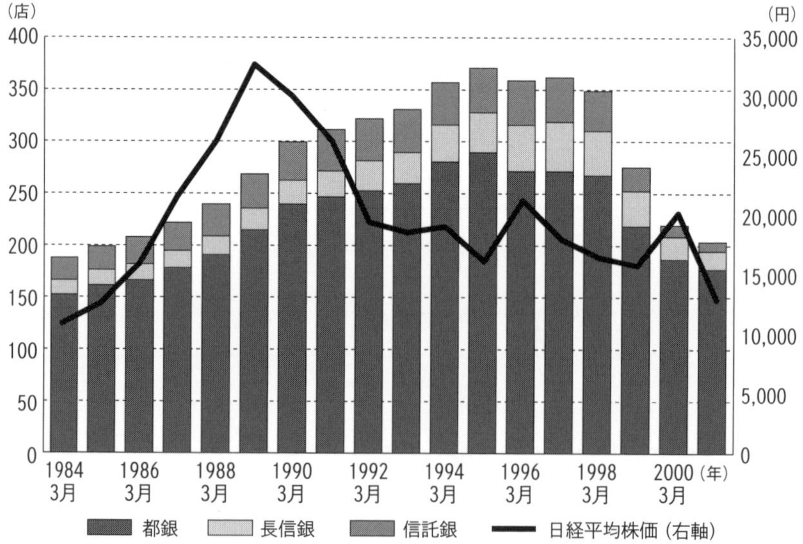

注：店舗は支店と出張所の合計。
出所：全国銀行協会『全国銀行財務諸表分析』各年度版より作成。

カ展開を進めており，現地では貿易金融に加えて運転資金や設備資金のニーズが高まっていた。大手行はこれらのニーズに応えるべく，シカゴやアトランタ・ヒューストン等の都市に新たに拠点を設立した。この時期にはタックスヘイブン（租税回避地）で名高い中米のケイマン諸島でも拠点の新設が相次いだが，こちらはアメリカでの投融資に用いるドル資金の調達窓口として機能した。

ヨーロッパについては，1993年の単一市場創設を見据えた域内ネットワークの構築を目的に進出が進み，ミラノやマドリード・バルセロナといった南欧にも大手行の拠点が新設された。またヨーロッパでは，富士・三菱・三和・第一勧業・住友の都銀5行が1987年から1989年にかけてロンドンやパリの証券取引所に上場し，域内での知名度向上に努めた。

この時期の大手行による国際業務の特徴は，将来のユニバーサルバンク化を見据えた体制整備を進めたことにあった。ロンドンやチューリッヒには1970年代に邦銀系の証券現地法人が設立され，証券ビジネスが積極的に展開されていたが，1980年代後半にはこの流れがニューヨークにも波及し，都銀

図表6-2　1980年代の都銀による買収・資本参加事例

買収金融機関名	時期	被買収金融機関名	国・地域	備考
第一勧業銀行	1986年	浙江第一銀行	香港	2003年全株売却
	1989年	CITグループホールディングス	アメリカ	2001年全株売却
三井銀行	1981年	マニュファクチャラーズ銀行	アメリカ	
富士銀行	1984年	W・E・ヘラー	アメリカ	2001年全株売却
三菱銀行	1984年	バンク・オブ・カリフォルニア	アメリカ	
三和銀行	1984年	コンチネンタル・イリノイ・リーシング	アメリカ	1999年全株売却
	1986年	ロイズ・バンク・カリフォルニア	アメリカ	2002年後継銀行を全株売却
住友銀行	1984年	ゴッタルド銀行	スイス	1999年全株売却
	1986年	ゴールドマン・サックス※	アメリカ	2000年一部売却 2002年全株売却
大和銀行	1988年	レイニア・インターナショナル銀行（香港内9拠点）	香港	1999年資産売却
	1989年	ロイズ銀行（アメリカ国内15拠点）	アメリカ	1996年資産売却
東京銀行	1988年	ユニオン・バンク	アメリカ	

注：無印は買収。※は資本参加。
出所：『日本経済新聞』より作成。

上位行を中心に証券現地法人や信託現地法人の設立が相次いだ。

　銀行業務でも，金融機関や大手企業を相手にしたホールセール取引だけでなく，現地の中堅・中小企業を対象としたミドルマーケット・リテールマーケットの開拓も進んだ。この動きはアメリカや香港で顕著であり，大手行による現地金融機関の買収が相次いだ（**図表6-2**）。とりわけ三菱・三和・東京等の都銀による銀行買収が続いたカリフォルニアでは，邦銀系現地銀行の市場シェアが急速に高まり，経営の現地化による非日系企業の顧客開拓が進んだ。

(2)　バブル崩壊直後―拠点数はなお拡大

　日経平均株価は1989年末の3万8,915円をピークに急落し，1992年にはピーク時から半減となる2万円を割り込んだ。不動産価格も1991年にピークアウトし，これら資産価格の高騰が投資や消費を牽引したバブル経済は崩壊した。国内の景気は一気に悪化し，複合不況とも呼ばれる深刻な不況に突入した。

　株価の急落で大手行では含み益が減少し，景気の悪化と担保不動産の価値下落によりバブル期に実行された貸出は急速に不良化した。大手行には不良債権が積み上がり，増加する処理費用が収益を圧迫し始めた。バブル期に過去最高益を続けた大手行も1989年度以降は減益に転じ，1993年度の最終利益はピーク時の3分の1に激減した。

　日本では1992年度末から「銀行の自己資本に関する国際統一基準」（自己資本比率規制）の適用が始まったが，含み益と最終利益の減少で自己資本の増加は進まず，株価の下落で増資による調達も困難になった。そのため，最低基準である自己資本比率8％を満たすべく資産規模の抑制が求められ，国際業務でも積極的なリスクテイクは影を潜めた。急速に進んだ円高の影響もあり，1990年代前半の大手行の国際部門貸出金は減少を続けた（**図表6-3**）。

　1990年には三井と太陽神戸が合併して太陽神戸三井（1992年から「さくら」）が誕生した。翌1991年には協和と埼玉が合併して協和埼玉（1992年から「あさひ」）となり，都銀は11行に減少した。これらの合併行では，海外でも重複店舗の統廃合が行われたが，大手行全体では1990年代前半も海外拠

図表6-3 大手行の国際業務部門貸出金（単体）の推移

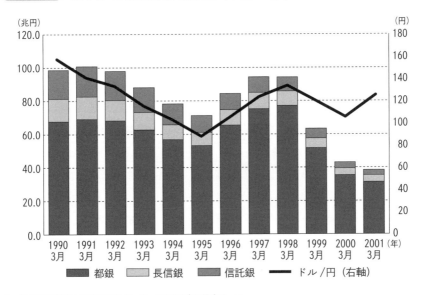

注：貸出金残高は91/03まで末残ベース。92/03以降は平残ベース。
出所：日本銀行「主要時系列統計データ表」，日本金融通信社『ニッキン資料年報』各年版より作成。

点は増加した。アメリカでは，1989年に都銀下位の大和が買収で店舗を一挙に増やして邦銀最大の店舗網を構築したほか，都銀上位の三菱も相次いで店舗を開設し，大手行のアメリカでの拠点は大幅に増加した。ヨーロッパでも店舗は増加したものの，目立った展開はなく，欧州市場統合に伴う進出ブームは早くも沈静化した。

その一方で，アジアでの展開は大きく進んだ。アジアでの店舗増加は1980年代後半もアメリカやヨーロッパを上回っていたが，展開エリアは香港とシンガポールにほぼ限定されていた。しかし1990年代前半には，店舗増はこれら2地域以外で占められるようになり，展開エリアの拡大が進んだ。この時期に大手行が数多く立地したのが，改革開放による経済成長が本格化した中国の上海，日系製造業による直接投資が進んだタイのバンコック，マレーシアのラブアンであった。とりわけオフショアセンターのラブアンには大和と北海道拓殖，日本債券信用を除くすべての都銀・長信銀が出店し，マレーシアに進出した日系企業の資金需要に応えた。

2 邦銀の国際ビジネス：1990年代半ば～2000年代前半

(1) 1990年代後半─泥沼化する不良債権問題

　不良債権問題は深刻さを増し，1994年度の決算は住友と日本信託の大幅な最終赤字により大手行全体で初の赤字となった。日本信託は三菱に支援を仰ぎ，1994年秋に同行の子会社となった。1995年度は住宅金融専門会社（住専）向けを中心に不良債権処理費用がかさみ，住友等の都銀4行を除く大手行全行で大幅な赤字となった（**図表6-4**）。

　ニューヨークでの巨額損失事件をきっかけに，1996年初頭には大和がアメリカ市場からの撤退を余儀なくされた。アメリカでの銀行経営の経験から大手行は不良債権の早期処理とディスクロージャーの重要性を学んだが，その経験は活かされなかった。1996年春には三菱と東京との合併で日本最大の東京三菱が誕生する等前向きな展開も見られたが，邦銀の不良債権の全容はな

図表6-4　大手行の不良債権処理費用と最終損益（単体）の推移

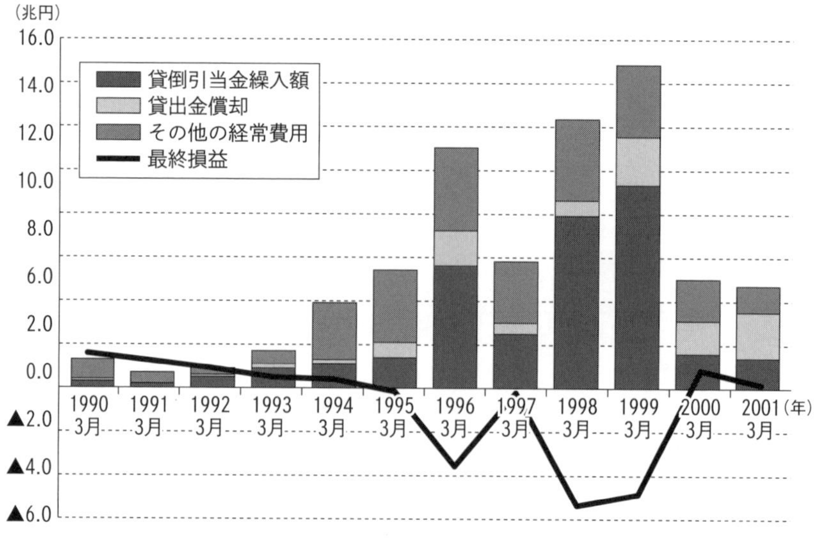

出所：全国銀行協会『全国銀行財務諸表分析』各年度版より作成。

106

お明らかではなく，邦銀と日本の金融システムへの信認は内外で大きく傷ついた。

　大手行の格付けはバブル期から一転して下がり，ジャパンプレミアムと呼ばれる上乗せ金利を支払わなければ，ドル資金を調達することも困難になった。外貨調達コストの上昇で競争力は低下し，大手行の国際業務の採算はさらに悪化した。1996年度の決算では大手行全体の赤字は縮小したが，長信銀の日本債券信用が2年連増で大幅な最終赤字を計上した。同行は海外からの全面撤退を柱とする経営再建策を公表したが，信用不安が収まることはなかった。

　1997年の夏にはアジア通貨危機が発生し，1990年代前半からインドネシア・タイ・マレーシア等でビジネスを拡大していた都銀等は大きな痛手を被った。同年秋には都銀最下位の北海道拓殖が経営破綻し，大手行の不倒神話は崩壊した。金融仲介は機能不全に陥り，貸し渋りや貸し剝がしが社会問題となった。日本の金融システムに対する内外の信認を回復するために，政府は不良債権問題への厳格な対応を大手行に要求し，不良債権処理を加速するために公的資金を用いた資本注入のスキームを構築した。

　1998年春には「金融機能安定化法」に基づき，大手行等21行に対して総額1兆8,000億円の資本注入が行われたが，信認の回復には不十分であった。その後1998年の秋から年末にかけて日本長期信用・日本債券信用の長信銀2行が経営破綻し，金融危機はピークに達した。2行は一時国有化され，日本長期信用も海外からの全面撤退に迫られた。1999年春には「早期健全化法」に基づき大手行等15行に対して総額7兆4,500億円の資本注入が行われ，この段階に至ってようやく，大手行の更なる経営破綻は回避された。

　公的資金の申請に先立ち，大手行は政府に経営健全化計画を提出し，業務の再構築を約束した。その多くは選択と集中を基本方針に掲げ，国際業務の縮小と国内業務への回帰を謳った。株価の長期低迷と益出しによる帳簿価格の上昇により，邦銀の多くで含み損が顕在化しており，海外撤退による自己資本比率規制の国内基準への変更については，財務面のメリットは大きかった。そのため，海外での業務縮小にとどまらず全面撤退する大手行も現れた。

　信託銀では中央信託ほか3行が海外銀行業務からの撤退を表明し，海外拠

点を残す三菱信託と住友信託も，海外では市場運用と受託財産管理に特化することになった。都銀でも，あさひが海外銀行業務の抜本的縮小を，大和は全面撤退を決めた。すでに北海道拓殖は姿を消し，長信銀2行も公的管理の下で海外撤退が進んでいた。そのため，海外で銀行業務を継続する大手行は，第一勧業・さくら・富士・東京三菱・三和・住友・東海・日本興業の8行に絞られた。

(2) 2000年代前半─劇的に進む集約化

海外で銀行業務を継続する大手8行も現状維持は許されず，国際業務でも聖域なきリストラが求められた。ここでも基本方針は選択と集中であり，各行とも顧客ターゲットを日系企業に絞り込み，バブル期以降拡大を進めてきた非日系企業との取引については，縮小や撤退が目指された。

アメリカや香港では，バブル期に現地金融機関の買収によるミドルマーケット，リテールマーケットへの参入が進み，バブル期以降も一定の成果をあげていた。買収した金融機関の中には優良子会社に育った例もあったが，ノンコア事業の縮小や撤退の方針を受けて，1990年代末以降その多くが売却された（前掲図表6-2）。また展開エリアについても，アメリカ・ヨーロッパ・アジアの3極体制が見直され，各行とも日系企業が多く立地するアジアに特化する方針が示された。アメリカとヨーロッパの拠点は軒並み削減され，海外資産の圧縮によるダウンサイジングが加速した（**図表6-5**，前掲**図表6-3**）。

公的資金による資本注入で大手行の経営は一息ついたが，大手行を取り巻く環境は厳しさを増した。金融ビッグバンの進展で外国為替取引や業務の自由化が進み，金融機関の競争は内外で激しさを増した。その中で，デフレ進行に伴う不況の深刻化により不良債権の新規発生が続き，その後の政府の不良債権処理策は一層厳格となることが予想された。

2000年前後に生じたITバブルにより日経平均株価は一時2万円を回復したが，バブルの崩壊で再び大きく下落した。会計ビッグバンの一環で時価会計が導入され，株価下落が銀行経営に及ぼすインパクトはより大きくなった。決算も連結重視に変わり，子会社等を使った損失隠しは意味をなさなくなっ

図表6-5　大手行の海外店舗地域分布

	84/03		89/03		94/03		99/03		04/03	
	店舗数	（％）	店舗数	（％）	店舗数	（％）	店舗数	（％）	店舗数	（％）
北米	58	30.7	79	29.3	108	30.1	57	20.6	23	17.2
ニューヨーク	22	11.6	23	8.5	21	5.8	16	5.8	6	4.5
ロサンゼルス	19	10.1	22	8.1	20	5.6	11	4.0	4	3.0
その他	17	9.0	34	12.6	67	18.7	30	10.8	13	9.7
中南米	20	10.6	28	10.4	31	8.6	19	6.9	8	6.0
ケイマン	3	1.6	14	5.2	18	5.0	13	4.7	6	4.5
その他	17	9.0	14	5.2	13	3.6	6	2.2	2	1.5
オセアニア	0	0.0	0	0.0	1	0.3	3	1.1	4	3.0
ヨーロッパ	46	24.3	64	23.7	77	21.4	45	16.2	23	17.2
ロンドン	23	12.2	23	8.5	21	5.8	13	4.7	6	4.5
パリ	2	1.1	8	3.0	10	2.8	6	2.2	3	2.2
その他	21	11.1	33	12.2	46	12.8	26	9.4	14	10.4
中近東・アフリカ	1	0.5	1	0.4	1	0.3	1	0.4	1	0.7
アジア	64	33.9	98	36.3	141	39.3	152	54.9	75	56.0
香港	26	13.8	46	17.0	46	12.8	33	11.9	8	6.0
シンガポール	16	8.5	22	8.1	20	5.6	14	5.1	6	4.5
その他	22	11.6	30	11.1	75	20.9	105	37.9	61	45.5
合計	189	100.0	270	100.0	359	100.0	277	100.0	134	100.0
銀行数	23行（22行）		23行（22行）		21行（20行）		19行（18行）		14行（7行）	

注：店舗は支店と出張所の合計。銀行数の（　）は海外店舗を保有する銀行で内数。
出所：全国銀行協会『全国銀行財務諸表分析』各年度版より作成。

た。さらに，株式の相互持合いが崩れ行く中で，持合い株の受け皿となった外国人投資家は大手行の株式保有比率を高め，銀行業でも欧米流の株主重視の経営が強く求められるようになった。

　こうした状況に対して，大手行は選択と集中による縮小均衡で生き残ることは困難と判断し，金融ビッグバンで認められた金融持株会社制度を活用し，かつてない規模で再編を進めることになった。2000年秋には第一勧業・富士・日本興業の3行が持株会社方式で経営統合を行い，国内最大のみずほホールディングス（みずほHD）が設立された。連結総資産が100兆円を超える世界最大級の銀行グループの誕生で他の大手行でも危機感が一気に高まり，その後堰を切ったように大手行の再編が進んだ。

　2001年春にはさくらと住友が合併して三井住友が誕生し，その後持株会社の三井住友フィナンシャルグループ（三井住友FG）が設立された。同じく2001年の春には，東京三菱・日本信託・三菱信託の3行と，三和・東海・東

洋信託の3行もそれぞれ持株会社方式で経営統合を行い，三菱東京フィナンシャルグループ（三菱東京FG）とUFJホールディングス（UFJHD）が設立された。また2003年の春には，みずほHDが組織再編の結果みずほフィナンシャルグループ（みずほFG）となった。

　こうして海外で銀行業務を展開する大手行は，金融持株会社の下で銀行と信託を併せ持つ4つの銀行グループに再編された。大手行同士の経営統合で各グループの資産規模は巨大化し，これら銀行グループはメガバンクと呼ばれるようになった。

3　メガバンクの国際ビジネス：2000年代後半以降

(1)　2000年代後半—前向きな展開が復活

　その後も不良債権問題は好転せず，日本経済は低迷を続けた。2003年3月には日経平均株価が8,000円を割り込み，2002年度の4大メガバンクの決算は全グループで赤字となった。不良債権問題が「失われた10年」の原因であるとした政府は，2003年度から金融再生プログラムを実施し，4大メガバンクを中心とする主要行に対し2年間で不良債権比率を半減する数値目標を課した。

　主要行は生き残りを賭けて不良債権処理を急いだが，その過程でりそなホールディングス（りそなHD）とUFJHDの2グループが経営不安に陥った。あさひと大和を中心に設立された国内専業のりそなHDには，2004年春に公的資金を用いた資本注入が行われ，一時実質的に国有化された。またUFJHDは三菱東京FGとの経営統合に追い込まれ，2005年秋には両社が合併して国内最大の三菱UFJフィナンシャルグループ（三菱UFJFG）となった。金融再生プログラムが終了した2004年度末には，不良債権比率の半減目標は達成され，大手行の長きにわたる不良債権との格闘は終わったが，海外銀行業務を展開する大手行は最終的に3大メガバンクに集約された。

　3大メガバンクは2006年に公的資金を完済し，同年秋にはみずほFGがニ

ューヨーク証券取引所への上場を果たした。メガバンクでは三菱UFJFGに次ぐ事例となり，邦銀復活を内外に印象付けた。経営の自由度を高めたメガバンクは再び前向きな業務展開を開始し，国際業務では，BRICs（ブラジル・ロシア・インド・中国の新興経済発展諸国）を中心にビジネス拡大を進めた。

　とりわけ「世界の工場」となった中国では，各メガバンクともシンジケートローン等に積極的に取り組むとともに，地元有力銀行への出資や人民元業務の強化と出店増を目的とした現地法人の設立が行われた。中国での既存の支店は現地法人に移管され，その後沿海部から内陸部へと店舗展開が進んだ。世界的な景気拡大を背景に，３大メガバンクはBRICsのほかアメリカ・ヨーロッパでも取引を伸ばし，海外での貸出金は大きく増加した（図表6-6）。

　2008年秋にアメリカの大手証券会社リーマン・ブラザーズが破綻し，世界金融危機が始まった。当初アメリカ国内に限定されたサブプライム危機は証券化によって世界中に拡散し，証券化商品の組成や投資に取り組んでいた欧

図表6-6　３大メガバンクの海外貸出金残高（連結）の推移

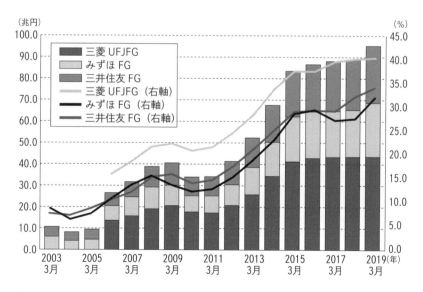

注：右軸の％は連結総貸出金残高に占める海外貸出金の比率。
出所：各グループ『有価証券報告書』各年度版より作成。

米の金融機関は大きな痛手を被った。

　一方，アメリカで証券化ビジネスが盛り上がった当時，日本のメガバンクは不良債権問題と格闘しており，証券化ビジネスを本格的に展開できずにいた。そのため，みずほFGを含めても邦銀の損失は比較的軽微にとどまり，メガバンクは，海外資産の切り売りに迫られた1990年代末とは一転して，経営困難に陥った欧米の金融機関を支援する側に回った。

　2008年には，みずほFG傘下のみずほコーポレートがアメリカの大手証券会社メリルリンチに1,300億円出資し，邦銀がバブル崩壊後欧米の金融機関に出資する初の事例となった。その後も，三井住友FGによるイギリスの商業銀行大手バークレイズへの出資（1,060億円），三菱UFJFGによるアメリカの大手証券会社モルガン・スタンレーへの出資（9,000億円）が続いた。

　また三井住友FGは，アメリカの商業銀行大手シティグループから国内証券大手の日興コーディアル等を5,000億円で買収した。三井住友FGは買収した同証券をグループの中核証券に育成し，三菱UFJFGもモルガン・スタンレーとの2つの合弁会社を証券戦略の柱に据えた。

　2008年度の決算は3グループすべてで赤字になったものの，3大メガバンクは世界金融危機をチャンスと捉え，証券戦略の強化を急いだ。

⑵　2010年以降―加速するアジア展開

　自己資本比率規制をはじめとする国際的なプルーデンス規制が世界金融危機を防ぐことが出来なかったことへの反省から，世界金融危機以降，国際金融規制は軒並み強化された。自己資本比率規制は2013年からバーゼルⅢに移行することになり，最低基準の引き上げと自己資本の質の強化が求められた。

　2011年にはFSB（Financial Stability Board：金融安定理事会）が世界の巨大金融機関29グループを「G-SIBs（Global Systemically Important Banks：グローバルなシステム上重要な銀行」に認定し，日本からは3大メガバンクのすべてが選ばれた。G-SIBsには自己資本比率の上乗せ等が求められ，規制対応に必要なコストは大きく増加した。金融コングロマリット化に伴う組織構造の複雑化が進む中でガバナンスの強化も求められ，巨大金融機関の舵取りは世界的にも困難を増している。

2010年には三井住友FGがニューヨーク証券取引所に上場し，３大メガバンクが世界最大の資本市場に出揃った。グローバルプレイヤーとなった３大メガバンクは世界中の投資家から評価を受ける存在となり，欧米の有力金融機関に見劣りする収益力の強化が不可欠となった。経営では非金利収益という資産保有によらない収益の拡大が求められ，資産拡大に結び付く融資等でもより収益率が高いビジネスを進めることが重要となった。

　メガバンクは，国際業務でシンジケートローンの組成や売却，取引先企業の資金管理を包括的に受託するトランザクションバンキング業務に積極的に取り組み，非金利収益の拡大を図った。またアセットビジネスでは，人口増が続き国内よりも高い利ざやが見込めるアジアへのシフトが目指された。

　2010年に始まったギリシャ経済危機の影響はEU（ヨーロッパ連合）全域に拡大し，PIIGS（財政問題が懸念されたポルトガル・イタリア・アイルランド・ギリシャ・スペイン）向けの債権や国債を多く抱えるヨーロッパの大手銀行は大きな損失を被った。これらの銀行は不採算分野・地域からの撤退を推し進め，国際金融市場では生存空間が広がった。財務に余力を抱える日本の３大メガバンクは，このチャンスを利用して，ヨーロッパの大手銀行が退いたアジアを中心に海外ビジネスを拡大させた。貸出債権の購入等でストックを積み増す動きが続き，現地金融機関の買収も相次いだ。

　とりわけ，メガバンクの業務拡大が目立ったのは東南アジアであった。現地有力銀行の買収によってリテール業務に参入するとともに，買収した銀行と現地法人の合併によってホールセールからリテールまで一貫して行う体制を整えた。この動きは三菱UFJFGで顕著であり，2013年以降，域内主要国であるタイ・インドネシア・ベトナム・フィリピンで現地有力銀行を次々とグループに取り込んだ。「アジア・セントリック」を掲げる三井住友FGも同様の動きを見せており，香港・カンボジア・インドネシア等で現地銀行のグループ化を積極的に進めている（**図表6-7**）。

3大メガバンクによる東南アジアでの買収・資本参加事例

年	月	銀行名	内容
2008	11	三井住友	エグジムバンク（ベトナム）に出資。筆頭株主へ
2010	1	三井住友	東亜銀行（香港）に出資。
2011	9	みずほコーポレート	ベトコンバンク（ベトナム）に出資。民間では最大株主へ
2011	10	みずほ	バリモア・ファイナンス（インドネシア）に出資。子会社化
2012	12	三井住友	東亜銀行（香港）に追加出資。
2013	12	三菱東京UFJ	ウィエティンバンク（ベトナム）に出資。持分法適用会社へ
2013	5	三井住友	年金貯蓄銀行（インドネシア）に出資。
2013	12	三菱東京UFJ	アユタヤ銀行（タイ）を買収。子会社化。
2014	3	三井住友	年金貯蓄銀行（インドネシア）に追加出資。持分法適用会社へ
2014	9	三井住友	アクレダ・バンク（カンボジア）に出資。
2015	1	三菱東京UFJ	バンコク支店をアユタヤ銀行（タイ）に統合。
2015	3	三井住友	東亜銀行（香港）に追加出資。持分法適用会社へ
2015	9	三井住友	アクレダ・バンク（カンボジア）に追加出資。持分法適用会社へ
2016	4	三菱東京UFJ	セキュリティバンク（フィリピン）に出資。持分法適用会社へ
2017	12	三菱東京UFJ	バンクダナモン（インドネシア）に出資。
2018	7	三菱UFJ	バンクダナモン（インドネシア）に追加出資。持分法適用会社へ
2019	2	三井住友	現地法人と年金貯蓄銀行（インドネシア）が合併。子会社化
2019	4	三菱UFJ	バンクダナモン（インドネシア）に追加出資。
2019	4	三菱UFJ	バンクダナモン（インドネシア）を子会社化。

注：銀行名は当時。
出所：各銀行プレスリリースより作成。

おわりに

　2013年の「アベノミクス」による大幅な金融緩和は株高と債券高をもたらし，3大メガバンクの決算は2012年度から2014年度にかけて高水準に推移した。2013年度は三井住友FGが2期連続で，みずほFGも8期ぶりに過去最高益を更新し，2014年度は三菱UFJFGが邦銀で初めて連結最終利益1兆円越えを実現した。しかし，2015年度以降はマイナス金利政策の影響が大きく，減益が続いている。フィンテックの台頭もあって本業の収益力低下が明らか

となり，３大メガバンクは揃って国内での大規模なリストラを公表した。

　こうした状況の下，メガバンクの国際業務は，伸び悩む国内利益を下支えする役割を担っている。近年では欧米の金融機関の復活により業務の拡大は頭打ちであるが，グローバルプレイヤーの一員として３大メガバンクが成長を続けるためには，今後とも国際業務の強化が必要である。高齢化と人口減の進行から国内市場の拡大はもはや望み薄であり，若年人口が多く，今後も経済成長が見込まれるアジアを中心とした海外ビジネスは，日本をホームマーケットとするメガバンクにとって生命線となろう。

　今後メガバンクの国際業務進展のカギはリスク管理と現地化である。欧米の金融機関の復活に伴うシンジケートローン等の伸び悩みから，メガバンクはリスクが高いレバレッジドローンを増やしているといわれる。３大メガバンクとも国際部門の貸出金が高水準で推移する中，行き過ぎたリスクテイクと将来の不良債権の増加が懸念されている。大手銀行の劇的な集約化をもたらしたバブル崩壊後の不良債権問題を持ち出すまでもなく，リスク管理は銀行経営の要諦であり，適切な管理が求められる。

　もう１つのカギは現地化である。外貨調達の不安定化が金融破綻の一員となった事例が示すように，持続的に海外銀行業務を拡大するためには外貨調達の安定化が欠かせない。したがって，海外でのリテールバンクの経営は，今後メガバンクの国際業務の拡大にとって不可欠である。すでに東南アジアやアメリカでは現地銀行のグループ化を通じて現地化が進められているが，この流れを今後とも拡大していくことが求められよう。

引用・参考文献

伊鹿倉正司［2016］「わが国都市銀行の重層的国際化」『経済学論集』（東北学院大学学術研究会）第187号。

北野陽平・武井悠輔［2018］「外国銀行による参入や事業拡大の動きが加速すると見られるインドネシアの銀行業界」『野村資本市場クォータリー』（2018年夏号）。

及能正男［2000］『生まれ変わる銀行敗れ去る銀行』日本実業出版社。

日本銀行金融機構局［2019］「金融システムレポート」（2019年10月）。

矢口満・山口綾子・佐久間浩司［2018］「日本とアジアの金融市場統合—邦銀の進出に伴うアジアの金融の深化について」『フィナンシャル・レビュー』（財務省財務総合政策研究所）第133号。

第 7 章

多国籍企業のグローバルな立地戦略
──ホンダの「世界 6 極体制」を事例に

はじめに

　輸送・通信技術の発達，貿易と投資の自由化の進展，アジアの新興国の成長等から，2 ヵ国以上の場所で活動する多国籍企業が，企業規模や産業分野を問わず増加している。

　ところで，企業には本社・支社，研究所，工場，販社・店舗等の事業所が存在する。多国籍企業は，これらの事業所を本国だけでなく海外の最適な場所に配置し，その活動を最適に調整するという難しい課題に直面している。この課題に取り組む方針を決定するのが立地戦略である。それが世界規模での最適配置・調整を担う場合，グローバルな立地戦略と呼ぶことにしよう。

　本章の目的は，グローバルな立地戦略の分析枠組みを用いて，2010年代前半にホンダ[1]が採用した「世界 6 極体制」の成果と課題を検討することにある。紙幅の関係上，ここでは現業部門である工場に焦点を絞って考察を進める。

第1節では，グローバルな立地戦略の分析枠組みを紹介する。第2節では，紹介した3つの概念を用いて，2010年代のホンダによるグローバルな立地戦略を検討する。第3節では，本章の考察をまとめるとともに，2020年代，ホンダが目指す新しいグローバルな立地戦略について指摘する。

1　グローバルな立地戦略の分析枠組み

(1)　標準化製品と現地化製品

　企業が新たに海外の国や地域に販路を求める場合，本国と同じ製品を投入するのか，その国や地域にカスタマイズした製品を投入するのかを検討する必要がある。前者は標準化製品，後者は現地化製品と呼ばれる[2]。

　標準化製品の具体例には，アップルのiPhoneやトヨタのPRIUS等がある。標準化製品のメリットは規模の経済である。企業は，同じ製品を大量に作り，世界中で売ることで，生産性の高い最新鋭の設備を導入することができる。また既存設備であっても，その製品1単位当たりに必要となる固定費用（開発費・広告費・設備費等）を低下させることができる。デメリットは，経済（資産や所得），文化（宗教や価値観），環境（気候や地形）の差異から発生する場所ごとに異なる消費者ニーズにきめ細かく対応できないことである。

　現地化製品の具体例には，マクドナルド・インディアの菜食主義者向けのハンバーガーMacVeggieやホンダの軽自動車N-BOX等がある。標準化製品とは反対に，企業は世界の国や地域の消費者ニーズに合わせた製品を投入することで，売上を拡大することができる。デメリットはコストアップである。現地化製品の投入による売上拡大の効果が小さい場合，固定費用の頭割りができず，製品1単位当たりの費用が高くなる。

(2)　単一工場の立地

　海外進出を目論む企業は，どのような製品を販売するのかを検討すると同時に，どこで製品を生産するのかを検討する必要がある[3]。企業は，様々な

投入資源（原料や労働力）を調達し，それらを工場において製品に変換し，製品を市場で販売する。**図表7-1**は，国内外から投入資源を集め，本国の工場で製品を作り，海外で販売している企業のサプライチェーンである。企業は，他社との競争に勝つために，最も費用を節約できる場所に工場を立地させる。1つの工場のみを検討する場合，工場の立地指向には，製品や生産プロセスの特徴から，2つのタイプがある。

1つは市場立地である。製品を輸出する場合，本国から海外の市場までの輸送費・関税・通関手数料等が必要となる。また為替レートの変動や保護主義的な政策の発動のリスクも存在する。それゆえ，重く大きな製品や政策的にセンシティブな製品を生産する工場は，製品の輸送によって生じる費用とリスクを回避するため，市場のある国・地域に立地する傾向にある。

もう1つは資源立地である。海外から原料を調達する場合，製品輸出のケースと同様に，企業は様々な費用とリスクに直面する。さらに労働力は遠くから輸送することができない土地固着的な資源である。調達するには，労働者が通勤できる範囲に工場を建設する必要がある。そのため，原材料の輸送費の節約，リスクの回避，労働力の調達を目指して，投入資源のある国・地域に立地する工場もある。特に電子機器の組立や衣服の縫製等，機械化が難しく労働集約的な工程のある工場の場合，資源立地となる傾向が強い。

図表7-1 企業のサプライチェーン

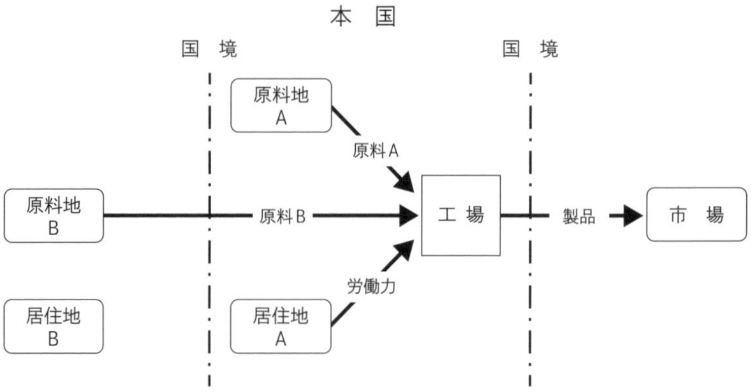

出所：筆者作成。

製品の輸送費と投入資源の輸送費はトレードオフの関係にある。一方の費用節約は，他方の費用増加をもたらす。それゆえ企業は，製品や投入資源の輸送費や輸送リスク等を総合的に勘案して，市場または原料地・居住地への工場の立地を決定する。

(3)　複数工場の配置

　企業は成長とともに，複数の工場を保有するようになる。このとき企業は，世界の市場に投入する製品と工場の立地指向を踏まえて，複数工場の最適配置をグローバルな規模で検討する必要がある。工場配置には，(a)集中型，(b)市場圏分割型，そして(c)製品補完型と，3つの理念的なパターンが存在する（**図表7-2**）。

　(a)集中型の工場配置では，企業は1つの場所（国や地域）に工場を集中さ

図表7-2　**グローバル市場に対する工場配置の類型**

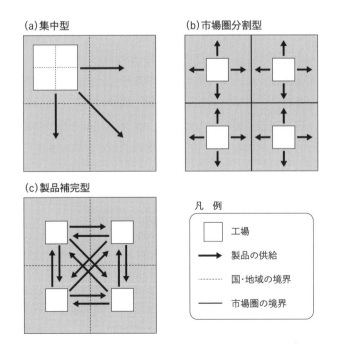

(a)集中型

(b)市場圏分割型

(c)製品補完型

凡　例
- □　工場
- →　製品の供給
- ‥‥‥　国・地域の境界
- ──　市場圏の境界

出所：Dicken［2015］, p. 149を一部修正。

せ，すべての製品を生産し，世界中に輸出している。集中型は，グローバル化の初期段階にある企業に支配的である。企業は国内で販売する製品を標準化製品として，そのまま世界中に輸出することで，規模の経済を享受している。

(b)市場圏分割型の工場配置では，企業は世界を複数の市場圏に分割して，その市場圏ごとに工場を分散立地させ，製品を生産・販売している。市場圏は日本やアメリカ等の国レベルや，ASEANやEU等のマクロ地域レベルで設定される。製品はCoca-Colaのようにグローバルブランドとして成功している場合を除き，市場圏ごとの消費者ニーズに合わせて現地化されている。販売されるエリアが限定されるため，規模の経済は限定的である。

この市場圏分割型は入れ子構造になっている。例えば，アジア・北米・欧州と3つのマクロ地域レベルで市場圏を分割している場合でも，アジアの中の国レベルでは，ある企業は日本だけに工場のある集中型を，別の企業は日本・中国・ベトナム等に工場を分散させる製品補完型を採用する等，様々である。

(c)製品補完型の工場配置では，企業は複数の工場を最適な場所に分散立地させ，それらの工場で生産した標準化製品を世界中に輸出している。企業は集中型の戦略と比較すると劣るものの，ある程度は規模の経済を享受している。製品補完型は，グローバルに配置された個々の工場の高い能力と，それら工場間の複雑な調整が必要となるため，グローバル経営の経験の豊富な企業に採用される。具体的な事例にはホンダの二輪車事業がある[4]。

2　ホンダによる「世界6極体制」の模索

(1)　ホンダの概要

本節では，紹介したグローバルな立地戦略の分析枠組みを利用しながら，2010年代以降，ホンダの四輪車事業におけるグローバルな立地戦略の変化について検討しよう。

二輪車事業から出発したホンダが，四輪車（以下，自動車）の生産に参入したのは1963年であった。その後，順調に成長を続け，軽自動車から大型のSUVまでフルラインアップで生産する自動車メーカーとなった。2018年には，535万台の自動車を生産した。ホンダは，1,000万台以上を生産するトップグループのVW，トヨタ，ルノー・日産アライアンス等には遠く及ばないものの，GM・現代・フォードに続き，世界7位の生産シェアを誇っている[5]。

ホンダは「需要のあるところで生産する」という理念の下，早い時期から積極的に海外進出に取り組んできた[6]。1982年，日本の自動車メーカーとして初めて，アメリカにおいて乗用車の本格的な現地生産を開始したのを皮切りに，2018年現在，世界18ヵ国・地域に工場を配置している。

図表7-3は，世界におけるホンダの自動車生産の地理的な分布を表している。主要な生産拠点は中国（150万台），アメリカ（125万台），日本（89万台）である。本拠地である日本の生産台数は中国やアメリカよりも少なく，そのシェアは16.7％となっている。また欧州における生産台数も少なく，イギリスが16万台，トルコが4万台にとどまっている。

次にホンダの経営状況について確認しよう（**図表7-4**）。2008年のリーマンショック，2011年の東日本大震災とタイの洪水被害の影響による一時的な落ち込みはあるものの，生産台数は右肩上がりに増加してきた。しかし営業利益率は，リーマンショック以前には7％を超えていたものが，2010年代に

図表7-3 国別にみたホンダの自動車生産（2018年）

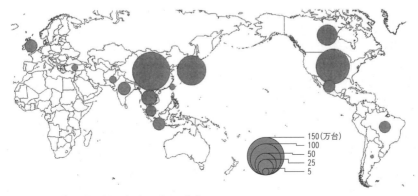

出所：FOURIN『世界自動車統計年刊2019』より作成。

　ホンダの生産台数と営業利益率の推移

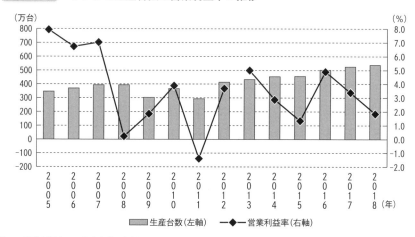

注1：営業利益率は四輪車事業の数値である。
　　2：2012年以前は米国会計基準，13年以降は国際会計基準なので連続性はない。
出所：本田技研工業「有価証券報告書」各年版より作成。

入り5％以下の水準に低迷している。

　この原因の1つに，伊東孝紳社長（2009〜15年）の下で推進した，日本・中国・アジア[7]・北米・中南米・欧州の各地域が独立した組織として開発・生産・調達・販売を行う「世界6極体制」の行き詰まりがある。その後，八郷隆弘社長（2015年〜現在）の下，この修正が行われている[8]。ここでは，生産の面に限定して，ホンダによる「世界6極体制」の構築と修正を検討する。

(2)　「世界6極体制」の構築

　2000年代，ホンダは世界の主要な地域・国に工場を立地させ，市場圏分割型の工場配置を進めていたが，未だ日本製の自動車を北米に大量に輸出しており，一部，局地集中型の特徴を残していた。2007年，ホンダは日本で生産した118万台のうち71万台（53％）を輸出していた[9]。当時，ホンダは北米で売上と営業利益の半分近くを稼いでいた[10]。

　しかし，アメリカ発の世界同時不況や急激な円高によって，この事業構造は困難に直面した。このためホンダは2010年代に入り，世界を6つの地域に

分けて，それぞれの地域の子会社が主体的に消費者ニーズにあった自動車を開発・生産できる体制，すなわち「世界6極体制」の構築に着手した。具体的に生産の面では，(a)生産能力の拡充，(b)地域専用モデル（現地化製品）の投入，そして(c)グローバルモデル（標準化製品）の輸出削減による，市場圏分割型の工場配置の完成が目指された。

　(a)生産能力の拡充は，2016年度に600万台を生産する計画の下，新興国を中心に実施された（**図表7-5**）。2010年から2015年にかけて，中国では広州ホンダ（広州市）が36万台から60万台に，東風ホンダ（武漢市）が12万台から48万台に生産能力[11]を拡大した。アジアではマレーシア・インドネシア・インドにおいて，北米ではメキシコにおいて新しく工場が稼働した。

　反対に日本ではスクラップ・アンド・ビルドが実施された。寄居工場（埼玉県）の操業開始に合わせて，老朽化した狭山工場（埼玉県）が縮小された。さらに八千代工業の四日市工場（三重県）も，軽自動車をホンダの鈴鹿工場（三重県）に生産移管するため，大幅に縮小された。

　ホンダのグローバルな生産能力は，2010年の475万台から15年には545万台まで増加した[12]。

　(b)地域専用モデル（現地化製品）の投入も，新興国を中心に行われた。ホンダの自動車には，世界中で販売されるグローバルモデルと，特定の地域だけで販売される地域専用モデルがある。グローバルモデルは，ACCORD・CIVIC・CR-V・FIT / JAZZ・VEZEL / HR-Vの5つである[13]。

　地域専用モデルは，2011年以降世界各国で発売された。ASEANとインドではBRIO・MOBILIO・BR-Vがリリースされた。7人乗りMPVのMOBILIOは，家族やメイドも一緒に大人数で利用するインドネシアを意識したモデルである。中国では2013年に広汽ホンダのセダンCRIDERが発表された。現地で開発されたCRIDERは，若い家族をターゲットとしており，2014年には15.7万台も販売された[14]。

　先進国にも地域専用モデルは投入された。日本では，2011年，軽自動車N-BOXが大ヒットした。続いて2012年にN-ONE，2013年にN-WGNがリリースされ，軽自動車はホンダの国内販売の約50％を占めるまで成長した。アメリカでは，CR-Vよりも一回り大きな8人乗りSUVのPILOTが販売さ

図表7-5　ホンダの工場配置の動向

年	対象地域	工場立地の動向
2010	中　国	○中国、広汽ホンダ・広州工場、年産36万台から48万台に増強。
	中　国	○中国、東風ホンダ・武漢工場、年産12万台から24万台に増強。
2011	中南米	○アルゼンチン工場（年産3万台）の操業開始。
2012	北　米	○アメリカ・アラバマ工場、年産30万台から34万台に増強。
	中　国	○中国、東風ホンダ・武漢工場、年産24万台から34万台に増強。
2013	北　米	○アメリカ・インディアナ工場、年産20万台から25万台に増強。
	日　本	▲日本、八千代工業・四日市工場、年産24万台から6万台に縮小。
	日　本	▲日本、ホンダ・狭山工場、年産53万台から25万台に縮小。
	日　本	○日本、ホンダ・寄居工場（年産25万台）の操業開始。
	アジア	○マレーシア工場、年産5万台から10万台に増強。
2014	アジア	○インドネシア工場、年産8万台から20万台に増強。
	アジア	○インド・タプカラ工場（年産12万台）の操業開始。
	北　米	○メキシコ・ハリスコ工場（年産20万台）の操業開始。
	欧　州	▲イギリス工場、年産25万台から15万台に縮小。
2015	中　国	○中国、東風ホンダ・武漢工場、年産34万台から48万台に増強。
	中　国	○中国、広汽ホンダ・広州工場、年産48万台から60万台に増強。
2016	アジア	○タイ・プランチブリ工場（年産12万台）の操業開始。
	アジア	○インド・タプラカ工場、年産12万台から18万台に増強。
2017	アジア	▲タイ・アユタヤ工場、年産30万台から15万台に縮小。
2018	日　本	○日本、八千代工業・四日市工場を買収。ホンダオートボディの設立。
2019	中南米	○ブラジル・イチラピナ工場（年産12万台）の操業開始。
	中　国	○中国、東風ホンダ・武漢工場、年産48万台から60万台に増強。
2020 〔計画〕	アジア	▲フィリピン工場（年産3万台）の操業停止。フィリピンでの生産から撤退。
	中南米	▲アルゼンチン工場（年産3万台）の操業停止。アルゼンチンでの生産から撤退。
	北　米	▲メキシコ・グアダラハラ工場（年産6.3万台）の操業停止。
2021 〔計画〕	日　本	▲日本、ホンダ・狭山工場（年産25万台）の操業停止。
	欧　州	▲イギリス工場（年産15万台）の操業停止。イギリスでの生産から撤退。
	欧　州	▲トルコ工場（年産5万台）の操業停止。トルコでの生産から撤退。
	中南米	▲ブラジル・スマレ工場（年産12万台）の操業停止。

注：○は工場の操業開始または増強，▲は工場の操業停止または縮小である。
出所：本田技研工業「ニュースリリース」と各種新聞報道より作成。

れており，2014年には10万台以上を売り上げている。

　ホンダの世界販売に占める地域専用モデルのシェアは，2011年の25％から，2015年には32％，そして2018年には40％まで上昇した[15]。

　(c)グローバルモデル（標準化製品）の輸出削減は，日本を中心に取り組まれた。2007年，ホンダは日本で作った自動車の過半である71万台を，北米を

図表7−6　ホンダのグローバルな工場配置

2015年

欧　州
- 販売台数：　　15万台
- 生産台数：　　13万台
- 生産能力：　　20万台

[生産拠点]
イギリス工場(15)
トルコ工場(5)

中　国
- 販売台数：　　100万台
- 生産台数：　　96万台
- 生産能力：　　113万台

[生産拠点]
東風ホンダ・武漢工場(48)
広汽ホンダ・広州工場(60)
ホンダ中国・広州工場(5)

北　米
- 販売台数：　　184万台
- 生産台数：　　186万台
- 生産能力：　　192万台

[生産拠点]
カナダ・オンタリオ工場(39)
アメリカ・オハイオ工場(68)
アメリカ・インディアナ工場(25)
アメリカ・アラバマ工場(34)
メキシコ・グアダラハラ工場(6.3)
メキシコ・ハリスコ工場(20)

アジア
- 販売台数：　　71万台
- 生産台数：　　69万台
- 生産能力：　　96万台

[生産拠点]
タイ・アユタヤ工場(30)　マレーシア工場(10)
　　　　　　　　　　　　　フィリピン工場(3)
インドネシア工場(20)　　ベトナム工場(1)
インド・グレーターノイダ工場(12)
インド・タプカラ工場(12)　台湾工場(3)
パキスタン工場(5)

日　本
- 販売台数：　　73万台
- 生産台数：　　73万台
- 生産能力：　　109万台

[生産拠点]
ホンダ・寄居工場(25)
ホンダ・狭山工場(25)
ホンダ・鈴鹿工場(53)
ホンダオートボディ・四日市工場(6)

中南米
- 販売台数：　　17万台
- 生産台数：　　16万台
- 生産能力：　　15万台

[生産拠点]
アルゼンチン工場(3)
ブラジル・スマレ工場(12)

2018年

欧　州
- 販売台数：　　17万台
- 生産台数：　　20万台
- 生産能力：　　20万台

[生産拠点]
イギリス工場(15)
トルコ工場(5)

中　国
- 販売台数：　　148万台
- 生産台数：　　150万台
- 生産能力：　　125万台

[生産拠点]
東風ホンダ・武漢工場(48)
広汽ホンダ・広州工場(60)
ホンダ中国・広州工場(5)

北　米
- 販売台数：　　189万台
- 生産台数：　　182万台
- 生産能力：　　192万台

[生産拠点]
カナダ・オンタリオ工場(39)
アメリカ・オハイオ工場(68)
アメリカ・インディアナ工場(25)
アメリカ・アラバマ工場(34)
メキシコ・グアダラハラ工場(6.3)
メキシコ・ハリスコ工場(20)

CIVIC
FIT
HR-V
CR-V　　CIVIC
ACCORD

アジア
- 販売台数：　　79万台
- 生産台数：　　78万台
- 生産能力：　　97万台

[生産拠点]
タイ・アユタヤ工場(15)　マレーシア工場(10)
タイ・プラチンブリ工場(12)　フィリピン工場(3)
インドネシア工場(20)　　ベトナム工場(1)
インド・グレーターノイダ工場(12)
インド・タプカラ工場(18)　台湾工場(3)
パキスタン工場(5)

日　本
- 販売台数：　　75万台
- 生産台数：　　89万台
- 生産能力：　　107万台

[生産拠点]
ホンダ・寄居工場(25)
ホンダ・狭山工場(25)
ホンダ・鈴鹿工場(53)
ホンダオートボディ・四日市工場(3.6)

中南米
- 販売台数：　　16万台
- 生産台数：　　15万台
- 生産能力：　　15万台

[生産拠点]
アルゼンチン工場(3)
ブラジル・スマレ工場(12)

注：カッコ内の数字は各工場の年間生産能力である。
出所：FOURIN『世界乗用車メーカー年鑑』各年版，本田技研工業「Hondaグループ生産拠点」，各種新聞報道より作成。

中心に輸出していた。しかし為替レートが2011年10月には過去最高の1ドル75円78銭（月中平均）を記録する円高となったことから、ホンダは輸出の削減と生産の海外移管を進めた。

2012年には狭山工場のCR-Vをカナダ工場に一部移管した。2013年には鈴鹿工場からCIVIC HEV（Hybrid Electric Vehicle：ハイブリッド電気自動車）とFITを、それぞれ米インディアナ工場とメキシコ工場に一部移管した。その結果、2014年には、日本におけるホンダの輸出台数は3万台、輸出比率は3％となった[16]。

2015年、世界の6つの地域における生産台数と販売台数の誤差は数万台規模に抑えられることになった。**図表7-6**に示されるように、ホンダは生産の面での「世界6極体制」、市場圏分割型の工場配置を完成させたのである。

3 「世界6極体制」の修正

(1) 自動車の相互補完

「世界6極体制」の構築によって、ホンダは中国等の新興国を中心に、生産台数と販売台数を伸ばすことができた。しかし、その副作用も大きかった。

第一に、生産能力の拡充と新しいモデルの投入は、本国である日本の開発部門のキャパシティを超えて進められた。その結果、2013年から2014年にかけてFIT HEVとVEZEL HEVで不具合が発生し、5回のリコールが相次いだ[17]。

第二に、生産能力の拡充と「需要のあるところで生産する」方針の徹底が工場の稼働率[18]の低迷をもたらした。生産能力の余った工場が、他の地域向けの自動車を生産することで、稼働率を引き上げるというオプションがなくなったのである。2015年の日本・アジア（タイ）・欧州（イギリス）の稼働率は、それぞれ67％、72％（57％）、66％（80％）であった[19]。

こうしてホンダは営業利益の低迷に直面し、2015年6月に就任した八郷社長の下で「世界6極体制の進化」が開始された[20]。その内容は過剰な生産能

力の削減と 6 つの地域で生産した自動車の相互供給であり，「進化」という
よりは「修正」である。

　2015年の生産実績が453万台であるのに対して，生産能力は545万台もあっ
た[21]。100万台近い過剰である。しかし工場の設立や閉鎖には，その準備に
数年の期間を必要とするため，簡単には実施することができない。生産能力
の削減が本格化するのは2020年以降であり，それ以前はタイ・アユタヤ工場
の縮小のみであった（**図表 7 - 5**）。

　対して，自動車の相互供給に関しては速やかに着手された。ホンダは，
2015年，イギリスから日本にFITとCR-Vを完全移管し，その代わりにカナ
ダからイギリスにCIVICを一部移管した。その結果，イギリス工場では，
北米と日本向けの輸出が拡大し，生産台数が2015年の12万台から2018年には
16万台へと急増した。イギリス工場の輸出台数の50％は北米向け，EU向け
は25％前後である[22]。

　日本では，寄居工場がイギリスからFITとCR-Vの移管を受け，さらに欧
州向けVEZELの生産を開始した。また狭山工場が2016年に北米向け
ACCORDの生産を開始した[23]。その結果，日本の輸出台数も，2014年の 3
万台から，2018年には18万台まで急増した[24]。

　図表 7 - 6 からも明らかなように，ホンダの工場配置は，2018年時点では，
市場圏分割型をベースに，一部のグローバルモデルを新興国のあいだで相互
供給する製品補完型の要素をもった工場配置となっている。18年の日本・ア
ジア（タイ）・欧州（イギリス）の稼働率は，それぞれ84％，81％（91％），
100％（107％）と，2015年と比較して随分と改善された[25]。

⑵　**過剰な生産能力の削減**

　最新の2019年時点の数字を確認すると，ホンダの生産実績が517万台であ
るのに対して，生産能力は590万台となっている[26]。2020年から，工場の縮
小・閉鎖が実行に移されるが，その方針は 2 つある。

　第一に，小規模工場の閉鎖と域内の大規模工場への生産移管である。具体
的には， 5 万台未満のフィリピンやアルゼンチンの工場が閉鎖され，タイや
ブラジルの工場がその受け皿になるであろう。

第二に，2016年から顕在化してきた「反グローバル化」の潮流，イギリスのEU（欧州連合）からの離脱とNAFTA（北米自由貿易協定）の再交渉への対応である。イギリスのEU離脱は，ホンダの欧州からの生産撤退を導いた。2016年の国民投票から約3年半，2020年1月末にイギリスは正式にEUから離脱した。EUとの間で新たにFTA（自由貿易協定）が結ばれない場合，「移行期間」の終わる2021年から自動車の関税はゼロから10％に上がり，煩雑な通関手続きが復活する。

　これを契機にホンダは，2021年にイギリス工場とトルコ工場を閉鎖する。欧州向けの自動車は，短期的には北米や日本からの輸入に頼ると推測される。中長期的にはHEVやEV（Electric Vehicle：電気自動車）等の次世代カーは，中国からの輸入も検討されている[27]。

　NAFTAの見直しは，ホンダのメキシコにおける生産の縮小を導いた。アメリカのトランプ大統領の強い意向の下，2017年から始まったNAFTAの再交渉の結果，2020年には新しくUSMCA（米国・メキシコ・カナダ協定）が発効する予定である。NAFTAの見直しは，アメリカ向けの輸出拠点としてのメキシコの競争優位を低下させた。アメリカ向け自動車輸出の関税ゼロ条件の厳格化・複雑化[28]に加えて，アメリカとの貿易摩擦という地政学的なリスクの高まりが顕在化したためである。2021年，ホンダはメキシコ・グアダラハラ工場での自動車の生産を中止する。

おわりに

　ホンダは，2010年代半ば，6つの地域が独立して自動車を開発・生産する「世界6極体制」の構築を目指し，生産の面では市場圏分割型の工場配置を完成させた。それぞれの地域において，生産能力と販売台数が計画通りに推移するのであれば，この立地戦略は望ましいものである。しかしホンダは，日本を中心に販売不振による稼働率の低下，それに伴う営業利益率の低迷に直面した。

　2015年から，ホンダは「世界6極体制」の修正に取り組み始めた。日本・北米・欧州においてACCORD等のグローバルモデルを相互供給することで，

日本と欧州の稼働率を引き上げた。つまり市場圏分割型の工場配置をベースに，先進国の間で製品補完型の工場配置を一部導入したのである。

さらに2020年からは，グローバルな生産能力を70万台ほど削減する「選択と集中」を実施している。最も大きな動きは，欧州における工場閉鎖であった。ホンダは「世界5極体制」へとダウンサイジングしている。

最後に，ホンダの立地戦略の方向性について言及する。上述したように，ホンダは中国製のHEVやEVを欧州で販売することを検討している。さらにタイにおいても，2021年から日本とオーストラリア向けにACCORD HEVを生産する計画である[29]。つまり，これまで先進国の間に限定されていたグローバルモデルの相互供給が，生産規模を拡大させ，技術力を向上させた新興国も含めたものに広がりつつある。つまりホンダの立地戦略は，「世界5極体制」の下，市場分割型の工場配置をベースにしながらも，先進国と新興国の間の製品補完型の工場配置を取り入れたものに「進化」すると考えられる。

注

1　ホンダの正式名称は本田技研工業株式会社である。
2　詳しくは三浦［2017］を参照。
3　グローバルなレベルでの企業の立地戦略については，宮町［2012］，Dicken［2015］，鈴木［2018］を参考にした。
4　詳しくは横井［2018］を参照。横井［2018］は，詳細な調査と分析を基に，ホンダの二輪事業のグローバルな経営の実態を明らかにしている。
5　FOURIN『世界自動車統計年刊 2019』。
6　本田技研工業「語り継ぎたいこと―チャレンジの50年」（https://www.honda.co.jp/50years-history/）。
7　アジアには，アジア諸国（日本・中国を除く）だけでなく，オーストラリア等のオセアニア諸国も含まれている。
8　本田技研工業「アニュアルレポート」各年版（https://www.honda.co.jp/ investors/library/annual_report.html）。
9　日本自動車工業会『世界自動車統計年報』各年版，FOURIN『世界自動車統計年刊』各年版より算出した。
10　本田技研工業「有価証券報告書 2007年度」のセグメント情報を見ると，2007年度の売上と営業利益に占める北米の割合は，それぞれ52％と45％である。
11　ここでの生産能力とは，年間の自動車生産可能台数である。
12　FOURIN『世界乗用車メーカー年鑑』各年版より算出した。

13 日本やアメリカのFITは，欧州やASEANではJAZZとして販売されているのでFIT/
   JAZZと表記した。その他のモデルも同様である。
14 モデル別の販売台数は，すべてFOURIN『世界乗用車メーカー年鑑』各年版による。
15 本田技研工業「Honda Corporate Update」各年版（https://www.honda.co.jp/investors/
   library/road_show.html）。
16 注9に同じ。
17 「ホンダリコールからの脱却」『日経Automotive Technology』2015年第1号,52-61頁。
18 稼働率とは，生産台数を生産能力で除した数値である。
19 注12に同じ。
20 本田技研工業『アニュアルレポート2015』（https://www.honda.co.jp/investors/library/
   annual_report.html）。
21 注12に同じ。
22 FOURIN『世界乗用車メーカー年鑑2019』，各種新聞報道より算出した。
23 各種新聞報道。
24 注9に同じ。
25 注12に同じ。
26 本田技研工業「生産・販売・輸出データ」（https://www.honda.co.jp/investors/
   financial_data/monthly.html）。
27 『日本経済新聞』2019年2月20日。
28 詳しくは内山［2019］を参照。
29 『日本経済新聞』2019年8月9日。

引用・参考文献

Dicken, P. [2015], "Global Shift: Mapping the Changing Contours of the World," Seventh
   Edition, New York and London: The Guilford Press（宮町良広監訳『グローバル・シフ
   ト―変容する世界経済地図（上・下）』古今書院,2001年）.
内山直子［2019］「メキシコ自動車産業におけるNAFTA再交渉とその影響―日系企業を中心
   に」『ラテンアメリカ・レポート』32巻2号，日本貿易振興機構。
鈴木洋太郎［2018］『国際産業立地論への招待―アジアにおける経済のグローバル化』新評論。
三浦俊彦［2017］「第6章 標準化／現地化とグローバル・ブランドによる展開」三浦俊彦・
   丸谷雄一郎・犬飼知徳『グローバル・マーケティング戦略』有斐閣。
宮町良広［2012］「第7章 グローバリゼーションと立地」松原宏編『産業立地と地域経済』
   放送大学教育振興会。
横井克典［2018］『国際分業のメカニズム―本田技研工業・二輪事業の事例』同文舘出版。

第 **8** 章

日系企業のＦＴＡ戦略
——ASEAN電気電子機器産業を事例に

はじめに

　本書の第2章で示したように，FTA（自由貿易協定）には様々な便益がある。消費者は低価格の財・サービスを消費できるようになる。企業からすれば販売経路が拡大し，生産性の上昇や品質の向上が期待できる。

　その一方で，企業の目線に立てば競争環境が厳しくなることにも注意が必要である。貿易障壁の削減は，自国市場の保護の緩和と財・サービスの外国からの輸入増を意味するからである。

　ASEAN（東南アジア諸国連合）の場合，自動車産業はFTA発効後，生産拠点としての地位を確立したタイやインドネシアに生産が集中している。日系企業は好調を持続し，操業継続が可能であったため，企業グループ内で生産品目を調整し，拠点間で相互供給を図っている。

　それでは，国際競争にさらされ，縮小傾向にある電気電子機器産業ではどうだろうか。かつての日系企業はASEAN各国間の貿易障壁に直面し，市場

確保のためにあえて拠点を分散してきたが，FTAはこうした拠点にどのような影響を与えたのであろうか。

　本章では，ASEAN域内のFTAをめぐる経済協力の進展が日本の電気電子機器メーカーの生産行動に及ぼした影響を論じる。第1節では，日本とASEAN加盟国における電気電子機器産業の現状を解説する。第2節と第3節では，電気電子機器のサプライチェーンとASEAN域内経済協力の深化を確認する。第4節では，域内経済協力の1つの到達点であるFTAの発効を受けて，日系企業がどのように戦略を転換したかについて解説する。第5節では，日系企業の戦略転換がASEANに及ぼした効果に触れる。最後に，本章の要約とASEANを舞台に活動する日系企業の今後を展望する。

1　電気電子機器産業に見る日本の衰退と東アジアの隆盛

(1)　日本の競争力喪失

　日本の電気電子機器産業の競争力が失われて久しい。競争力喪失の要因は，以下の3点にまとめることができる。

　第一に，製造工程におけるデジタル化の進行である。職人による熟練の技の結晶が数値情報に置き換えられたことで，新規参入は容易になり品質格差は縮小した。

　第二に，金融のグローバル化である。以前と比べて国境を越えた資金調達が迅速に進み，日本以外の国の企業も大規模な事業展開が可能になった。

　第三に，アジア企業によるキャッチアップである。意図的か、そうでないかは別にして，日本から韓国・台湾・中国等に技術が流出し，ついには追い抜かれてしまった。

　日本企業はサプライチェーンマネジメントを見直し，FTAを活用して少しでもコストを下げることに注力した。その典型例が，液晶パネルを生産するディスプレイ産業である。

　ASEAN市場でも，台湾系企業や中国系企業による中国製テレビ用液晶パ

ネルが急増して価格が急速に下落すると，液晶パネルを内製する日系テレビセット企業は更なるコスト削減に迫られることになった。従来の基幹部品・部材の日本からの輸出とASEAN現地での組立・生産とにとどまらず，中国をはじめとした東南アジア域外の国々にもまたがるサプライチェーンマネジメントが重要になった。

(2) ASEANにおける電気電子機器産業の位置

ASEANは，生産・輸出の両面で屈指の存在である電気電子機器産業の発展に傾注してきた。電気電子機器の輸出額はASEAN域内の総輸出額の25%に相当し，最大の輸出品目である。ASEAN事務局によれば，世界の家庭用電化製品の大半とハードディスクドライブの80%以上がASEANで生産されている。また，ILO（International Labour Organization：国際労働機関）によると，電気電子機器産業は同地域の最も重要な部門の1つで，250万人以上の労働者を直接雇用している。

このように，電気電子機器産業はASEANにとっては極めて重要な産業であるが，各国が担う役割は微妙に異なる。

シンガポールには同産業を支える高度人材が蓄積している。2020年までには専門家・経営者・役員・エンジニアのためのポストが用意され，2,100人の新たな雇用創出が見込まれている。

2020年現在の主な生産国は，タイ・フィリピン・ベトナムの3ヵ国である。タイの電子部品組立企業数は2,300社以上あり，40万人以上の従業員を雇用している。タイは，集積回路・半導体・ハードディスクドライブ（Hard Disk Drive：HDD）では世界第1位，エアコンは第2位，冷蔵庫は第4位の生産国である。

フィリピンは，HDDと半導体の主要生産国として知られているが，毎月250万台のHDDを世界に供給しており，世界の半導体製造シェアは10%に達する。

ベトナムの電気電子機器産業はASEANで第3位，世界で第12位の輸出を誇っている。インドネシアは250社を超える企業を擁する電子部品の製造拠点となっている。また，ミャンマーやカンボジアは人件費が低廉であり，労

働集約的な工程がタイから移管されてきている。

マレーシアは，シンガポールとその他の加盟国の中間に位置する。ピークこそ過ぎたが，電気電子機器産業の企業数は1,695社を数え，電子部品や家庭用電気機器の生産活動が未だ盛んである。近年では米国をはじめとする先進国からのR&D（研究開発）投資が増えている。

日系企業は少なくとも1980年代には，電気電子部品の組立工程をASEANに移管していた。輸送費を含めて20%以上安価に製造できるのであれば海外で生産する，という目安があった[1]。当初の生産国は韓国・台湾・香港であったが，人件費が高くなると，シンガポール・タイ・マレーシア・中国・インドネシア・ベトナムといった国々へ外延化を図ってきた。

2000年代に入ると，情報や資金・人材等の流動性が高まり，国境の障壁が極めて低くなった。加えて，韓国・台湾・中国等の企業が成長し，日本を含めた東アジアが電子産業の一大生産拠点となることで，ASEAN域内の競争が激化した。こうした背景から，企業の拠点の調整と再配置が求められるようになった[2]。

2 電気電子機器産業のサプライチェーンとASEAN域内経済協力

(1) 製品のサプライチェーン

電気電子機器産業の現状を見ると，製品によってサプライチェーンは異なる。例えば，パソコンやコンピュータに使用される部品であれば，R&Dは日本や米国で行われ，マレーシア・タイ・フィリピンで製造された後，中国に輸出された後に組み立てられる[3]。

掃除機や電子レンジといった小型の家庭用電化製品をASEANに供給する場合は，原則として大手ブランド企業やEMS（電気電子機器受託製造サービス）企業に製造を委託するので，製造先の中国から輸入してASEANで販売することになるのである[4]。

電気機械関連の国際分業に関しては，元々輸入部品に免税措置が設けられ

ていることが多く，関税を意識する機会はあまりない。ASEAN域内ではほとんどの国が営業税や輸入税を免除するFTZs（Free Trade Zones：自由貿易区）を設置している。そのため，域内貿易には事実上，関税がかからないケースが多いとされる[5]。

ITA（Information Technology Agreement：情報技術協定）の存在も，関税ゼロの国際分業に一役買った。ITA は，半導体や携帯電話といったIT製品の貿易拡大を目的として1997 年に発効した複数国間協定である。多くのASEAN加盟国がITAに参加しており，関税撤廃の恩恵を享受している。

しかし，テレビやエアコン・冷蔵庫といった大型家電製品は，少々事情が変わってくる。比較的体積が大きくて重い製品であるから，中国からの輸入では輸送費が高いだけでなく，高率の関税も課されていた。また，ASEANには有力なEMS企業が少なく，外部製造委託もままならない。そこで製造委託量を一定量にとどめ，自社生産や現地生産を行う必要があった。大型の家電製品をASEAN市場に投入するためには，どうしても域内に生産拠点を構築しなくてはならなかったのである。

⑵ AFTAと企業誘致

ASEAN域内の生産拠点構築のために，各国は経済協力を推し進めてきた。電気電子機器産業に関連する域内経済協力はいくつかあるが，その代表的なものはAFTA（ASEAN自由貿易地域）である。

AFTAが最初に提唱されたのは，1986年9月である。第8回経済閣僚会議の席上において，フィリピンはCU（関税同盟）の設立を提案した。この時のCUの柱は，加盟国以外の国に対して共通の関税率を設定する「対外共通関税」である。

しかし，この提案はインドネシアとシンガポールの反対に遭った。インドネシアは関税の引き下げに難色を示し，反対にシンガポールは，関税の引き上げを嫌ったからである[6]。そこで，域内国の関税率は下げるものの対外共通関税は設定しない自由貿易地域として，AFTAの成立が模索された。

1992年1月に，AFTA-CEPT（AFTA Common Effective Preferential Tariff：AFTA共通効果特恵関税）協定が締結された。AFTA-CEPT協定が

締結された理由は 2 つある。

　第一に，工業化の推進に欠かせない外国企業への配慮である。1985年 9 月のプラザ合意後，急激な円高 = ドル安が進行したため，従前より行っていた日本からの輸出は採算が合わなくなった。そこで，日系企業はASEANへの直接投資額を急増させた。

　この直接投資は，近隣諸国から部品を輸入し，加工して再輸出する「加工貿易」の性質を強く帯びていた。輸入部品に関税を課されるとコストが増え，分業しづらくなる。ASEAN各国は域内の分業をより容易なものにするため，各国間の関税を段階的に引き下げた。

　第二に，直接投資の誘致をめぐる競争の加速である。1990年代以降，直接投資の受入先として中国やEU新規加盟国・メキシコが台頭したことは，ASEANに大きな圧力となった。日本や米国にとって魅力的な投資先であり続けるために，より一層の域内経済協力が求められたのである。

3　ASEAN域内経済協力の深化

(1)　1990年代以前の域内経済協力

　ASEAN各国では，AFTAの下で貿易コストの低減が図られた。1993年にはCEPTスキームが開始され，2008年までの15年間でAFTAを実現する予定であった。しかし，1997年のタイのバーツ危機に始まるアジア通貨危機と中国の台頭とが，ASEAN各国首脳に危機感を抱かせた。

　1994年 9 月に開催された第 5 回AFTA協議会で，域内関税率 5 ％以下への引き下げの実施時期が2008年から2003年に前倒しされた。さらに，1998年12月の第 6 回首脳会議において実施時期が2002年に前倒しされた。このように，ASEANはAFTAの下での関税削減のペースを速めてきた。

　さらにASEANは，AFTAと並行して域内の経済発展と経済統合を促進するため，他のスキームも実施することになった。その一つがAICO（ASEAN Industrial Cooperation：ASEAN産業協力）スキームである。

AICOスキームは域内の輸出入品について，現地資本が最低30％，付加価値40％以上の充足等の条件を満たせば，0～5％の関税率が適用されるというスキームである。AICOスキームにはAFTAを補完するだけでなく，技術集約的産業による投資の促進が期待された[7]。また，AICOによって資源・技術・市場の共有が起きるとも考えられていた[8]。

　AICOスキームは三菱電機が3件，ソニーと松下電器が2件ずつ利用してきた。AICOは2011年8月に関税削減の役割を終え，以降はAFTAが一手に引き受けることとなった。

(2)　2000年代以降の域内経済協力

　ASEAN域内経済協力は，AFTAの協議進展，及び2003年の第9回ASEAN首脳会議における「第2 ASEAN協和宣言」によって，単一市場と共同市場の形成を目標とする新たな段階に入った。

　「第2 ASEAN協和宣言」の中で，AEC（ASEAN Economic Community：ASEAN経済共同体）に言及がなされた。AECの創設によって，財・サービス・投資・熟練労働力の自由な移動に特徴付けられる単一市場・生産基地が構築されることになった。AECは2020年に完成予定とされていたが，5年前倒しされて2015年末に完成した。

　AECの中心となるのが，関税障壁の削減を担うAFTAである。AFTAの主要な目的は，域内の関税障壁及び非関税障壁の除去等による域内貿易の自由化の実現，国際市場向け生産拠点としてのASEANの競争力の強化，域内経済の一層の活性化である。具体的には，①域内貿易の活性化，②海外からの直接投資及び域内投資の促進，③域内産業の国際競争力の強化，である。

　2009年には，ATIGA（ASEAN Trade in Goods Agreement：ASEAN物品貿易協定）が新たに締結された結果，CEPTの関税削減ペースを受け継ぎながら対象品目や対象事項が拡大した。AFTA-CEPTとその後継のATIGAによって，加盟国間の関税は大きく削減された。

　図表8-1は，AFTA-CEPTやATIGAを利用した場合の，2000年から2015年までのASEAN域内の平均関税率を表している。2000年時点では，

ASEAN域内の平均関税率（2000〜2015年）

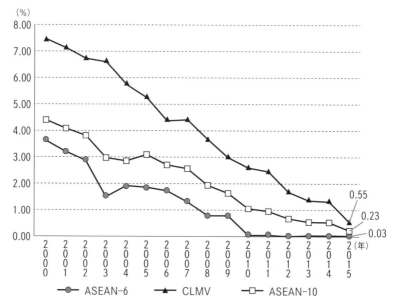

出所：ASEAN Secretariatより作成。

　ASEANの先発加盟 6 ヵ国が3.64％，新規加盟 4 ヵ国が7.51％であり，ASEANの平均関税率は4.43％であった。その後，すべての加盟国が順調に関税を削減した結果，先発加盟 6 ヵ国は0.03％，残る 4 ヵ国は0.55％台となり，ASEAN全体の平均関税率は0.23％となっている。

4　日系家電メーカーのテレビ生産戦略

(1)　1990年代以前のテレビ生産戦略

　1960年代から1970年代にかけて，ASEANの国々は国内企業による発展をいったんは見送り，外国資本の導入に積極的に取り組んだ。技術や人材等の面で先行国との差があまりに大きく，現地化政策は得策ではないと判断した。
　この時期の外資誘致のための方策として，次の 2 点を挙げておく。

第一に，法律の制定・改正である。国益をもたらす業種として電気電子機器産業を指定し，法人所得税免除の恩典を与えることで，外国企業による投資拡大を図った。

　第二に，輸入関税の引き上げである。たとえ外資誘致に成功したところで，輸入品価格が国産価格より低ければ，国内での操業継続は期待できない。そこで，輸入関税率を高水準に維持することで輸入品価格の高止まりを促し，国内産業の保護・育成を目指した。

　主要日系企業は，1960年代には自国からの輸出を通じてASEAN市場に製品を供給しており，輸入関税の引き上げは市場喪失の危機につながった。現地市場で確立した販売力を維持するために，ASEANの狙い通り，日系企業は生産拠点を新設・移管した。

　家電分野においては，日系と米国系の企業間競争もまた，ASEANにおける生産拠点設立に大きく寄与した。1960年代から続いた競争は激しさを増し，各企業は生産コストの更なる削減を迫られた結果，労働集約的工程を分離してASEANに移管することになったからである。

　1990年代以降，日系企業はますますASEANへの直接投資に傾斜した。この投資によって，マレーシアは日本や米国をはじめとする先進国への輸出拠点となった。

　カラーテレビを例にとると，日本のカラーテレビの輸入は1980年代後半に急増し，1989年には171万台を計上した。当時の主な輸出国は韓国と台湾であり，廉価な製品が日本市場に大量に流入した。1992年のカラーテレビの輸入台数は227万台に達したが，輸出国の顔触れは変化した。依然として韓国が1位であったが，マレーシアが2位となり，台湾・タイが続いた。後者の2ヵ国の生産・輸出のほとんどは日系多国籍企業によるものであった。

(2)　2000年代以降のテレビ生産戦略

　AFTAによって関税が削減されると，ソニーや松下電器といった日系多国籍企業は，東南アジア地域内に散在しているテレビの生産体制を見直すようになった。

　AFTA-CEPT協定が成立する前のASEANでは，前に述べたように各国

が高率の関税によって輸入障壁を設け，自国に生産拠点を構える企業を保護していた。そのため日系企業がASEANに向けて製品を供給するには，高い関税を支払って自国から輸出するか，あるいは各国内で生産活動を行わなくてはならなかった。多くの場合，後者の戦略が採用されていた。2000年時点での日系企業の実績を見ると，タイでは8社，マレーシアとインドネシアでは各6社，シンガポール・フィリピン・ベトナムではそれぞれ2社が生産していた。

しかし，域内の関税削減の見通しが立ったことで，日系企業は必ずしも各国でテレビを生産する必要がなくなった。つまり，ASEAN域内では特定の国，それも最も生産量が多い主要拠点だけを残し，他の国の生産拠点を閉鎖する。そして，閉鎖した国へは主要拠点から輸出する戦略が採用できるようになった。

AFTAの成立を受けて，日系企業はそれまで散在していたASEAN域内の生産体制の見直しを進めた。2016年の実績では，マレーシアが3社，タイが2社，インドネシアとベトナムが1社にとどまっている。

見直しの対象となった典型的な国は，フィリピンである。2002年時点で，フィリピンで自社ブランドのテレビを供給する日系企業はソニー・日本ビクター・三洋電機・シャープの4社であった。シャープを除く3社は，自社生産ではなく別の企業に生産を委託しており，そうして生産されたテレビをフィリピンで販売していた。

しかし，2003年からのAFTAのCEPTスキームの実施に伴うASEAN域内関税5％への削減を考慮した結果，2002年末までに，ソニーはマレーシア，日本ビクターはタイ，三洋電機はインドネシア及び中国からフィリピンへ最終製品を輸出する体制を整えた[9]。

ソニーはその後も域内の生産体制の見直しを推進した。2007年1月のWTO（世界貿易機関）加盟の条件として，ベトナムは2009年1月までに外資系企業に対し貿易業務を開放するとともに，サービス分野開放の一環として流通サービス業についても，100％外資系企業への開放を約束した。これを受け，ベトナムで国内向けに薄型液晶テレビを製造していたソニーは，製造からの撤退が可能になって販売会社に移行した[10]。

さらに，2010年のソニーのタイからの撤退もまた，FTAを要因とするものである。従来ソニーはインド市場向けのテレビをインド国内から供給していたが，タイ・インド間のFTAが2004年に発効してテレビの関税が低下すると，インド国内の拠点を閉鎖し，マレーシアで生産したテレビをタイ経由で輸出する選択をした。

　ところが，2010年にASEAN・インド間でFTAが締結されたためタイを経由する必要がなくなった。今度はタイの拠点を閉鎖し，マレーシアから製品を直接インドに輸送するようにした。こうして，ソニーはFTAを主たる理由として，生産拠点をマレーシアに集約していった。

5　FTAが日系企業のテレビ生産に与えた影響

⑴　生産面への影響

　FTAを要因とする日系企業の生産拠点の集約は，ASEAN各国の生産台

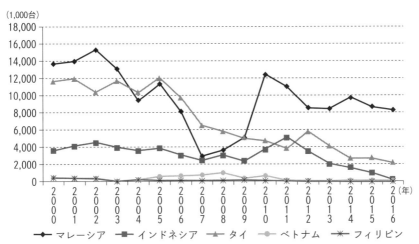

図表8-2　日系企業のテレビ生産台数（2000～2016年）

出所：富士キメラ総研「ワールドワイドエレクトロニクス市場総調査」各年版より作成。

数の増減に大きく影響を及ぼした。**図表8-2**はASEAN各国の日系企業によるテレビの生産台数の推移を示している。

2003年時点で年間1,000万台以上の生産量を誇っていたのがマレーシアとタイの2ヵ国であった。インドネシアは年産400万台前後であり，フィリピンとベトナムはともに年産50万台にも満たなかった。ところが，この状況はFTAの下で関税が撤廃されると一変した。

2003年時点でのフィリピンの生産台数は12万台であったが，AFTAによる関税撤廃後の2012年にはゼロへと落ち込んだ。ベトナムでは，急拡大する内需に対応して2003年から2008年まで毎年生産台数が増加し，最盛期には年産105万台を記録したが，輸入関税率が0％となった2011年以降，毎年10万台で推移している。

図表8-3は，日系企業の中でも特にテレビ生産量の多い3社について，生産国と生産規模を示した表である。

図表8-3 　主要日系企業の液晶テレビ生産台数（2006～2016年）

（単位：1,000台）

		2006年	2007年	2008年	2009年	2010年	2011年	2012年	2013年	2014年	2015年	2016年
A社	マレーシア	190	480	1,100	2,000	5,800	4,700	5,000	4,100	5,300	5,050	4,950
	タイ	100	120	400	550							
	インドネシア											
	フィリピン											
	ベトナム											
	ASEAN計	290	600	1,500	2,550	5,800	4,700	5,000	4,100	5,300	5,050	4,950
B社	マレーシア		60	300	700	2,400	3,000	1,500	1,300	1,600	2,000	1,600
	タイ	600	40	50	50							
	インドネシア						450					
	フィリピン											
	ベトナム			40	80	300	100	100	100	100	100	200
	ASEAN計	600	100	390	830	2,700	3,550	1,600	1,400	1,700	2,100	1,800
C社	マレーシア	100	240	500	1,100	3,400	3,000	2,050	3,000	2,800	1,600	1,700
	タイ											
	インドネシア				60	200					200	
	フィリピン											
	ベトナム											
	ASEAN計	100	240	500	1,160	3,600	3,000	2,050	3,000	2,800	1,800	1,700

注：富士キメラ総研のデータ使用条件に従い，個別の企業名を匿名化した。
出所：図表8-2と同じ。

A社は，2005年にマレーシアで生産を開始し，翌2006年にはタイでも生産を開始した。2ヵ国での生産体制は2009年まで続いたが，ASEAN・インド間のFTAが発効した2010年にはマレーシアでの集中生産体制に移行している。

　B社は，2006年からタイで生産し始め，翌2007年にはマレーシアの拠点でも生産を開始した。2008年にはベトナム，2011年にはインドネシアでも生産拠点を構築してきたが，2012年からはタイとインドネシアでの生産実績がなく，マレーシアとベトナムの2拠点体制となっている。

　C社は，一時期はインドネシアでも生産していたが，A社やB社と同様にマレーシアを主要生産国として位置付けている。

(2)　貿易面への影響

　FTAによる生産拠点の集約は，貿易にも影響を及ぼした。**図表8−4**は，

図表8−4　液晶テレビの貿易収支（2007〜2016年）

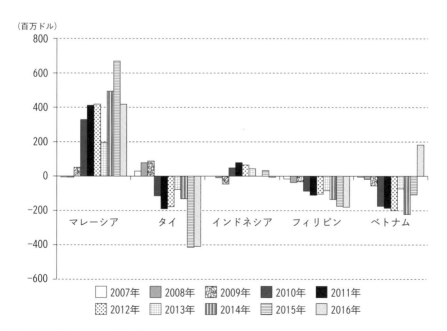

出所：UN Comtrade Databaseより作成。

ASEANにおける液晶テレビの貿易収支である。

　2009年以降，マレーシアから他国への輸出額は上昇傾向にある。一方で，2010年にASEAN・インド間のFTAが発効した影響の下，タイは同年，輸入超過に陥った。フィリピンも近年では輸入超過額が拡大傾向にある。

　2016年時点で貿易黒字となっている国は，マレーシア（4億1,627万ドル）とベトナム（1億8,134万ドル）の2ヵ国である。サムスンやLGといった韓国系企業の直接投資を受け入れ，旺盛な内需拡大により急速な発展を遂げるベトナムとともに，マレーシアは人口が少なく自国市場が小さいという不利を乗り越え，ASEANの一大輸出拠点として機能している。

おわりに

　本章では，ASEAN電気電子機器産業を事例に，日系企業の戦略を概観した。FTZsやITAの存在により電気電子機器は無税で取引されることが多いものの，大型の家電製品に関しては自社生産・現地生産を選択せざるをえない。そこで，日系企業はAFTAを活用して既存の拠点の集約を図り，生産の効率化を指向した。

　集約化されたASEAN域内拠点の規模は，以前と比べて拡大している。日系企業は今後，この拠点がグローバル市場にアクセスしやすくなるよう，ASEAN以外の国・地域とのメガFTAの成立とその活用を追求するであろう。

　液晶テレビ生産に関しては，集約先となったマレーシアの優位性は当面，揺るがないと考えられる。パナソニック（旧松下電器）は生産の大半をマレーシアとチェコの2工場に集約しており，2020年度を目途にアジアのテレビ生産能力を2016年度比で1.5倍に引き上げるとしている。また，設計開発の一部をマレーシアに移し，縮小傾向にあるテレビ事業の反転を窺うとされている[11]。

　ASEANは今後，日系企業の操業継続と更なる生産拡大を実現するため，単純な組立工程にとどまらず5G対応等の新技術の吸収に努めるとともに，ボトルネックになりやすい人材育成・誘致に取り組むと考えられる。

注 ━━
1 関 [1993]，11-16頁。
2 近藤 [2013]，149頁。
3 World Bank [2014]，p.52.
4 猿渡 [2016]， 5 頁。
5 『ジェトロセンサー』2015年 4 月号，65頁。
6 Bowles [1997]，p.222.
7 助川 [2015]，183頁。
8 Chandra [2008]，p.130
9 『通商弘報』2003年 2 月13日。
10 同上，2008年11月25日。
11 『日本経済新聞』2017年 5 月30日。

引用・参考文献 ━━━━━━━━━━━━━━━━━━━━━━━━━━━━━━━━━━━
Bowles, P. [1997], 'ASEAN, AFTA and the "New Regionalism",' *Pacific Affairs*, Vol.70, No.
    2.
Chandra, A. C. [2008], "Indonesia and the ASEAN Free Trade Agreement: Nationalists and
    Regional Integration Strategy," Lexington Books: Rowman & Littlefield Pub., Lanham.
World Bank [2014], *Malaysia Economic Monitor: Boosting Trade Competitiveness*, World
    Bank.
熊谷聡・黒岩郁雄 [2017]「第 5 章 東アジアにおける産業集積」三重野文晴・深川由起子編
    『現代東アジア経済論』ミネルヴァ書房。
近藤章夫 [2013]「先端技術と投資競争からみた電子産業」馬場敏幸編『アジアの経済発展と
    産業技術―キャッチアップからイノベーションへ―』ナカニシヤ出版。
猿渡剛 [2016]「東南アジア諸国の工業化とAFTA―電機産業の事例を中心に」『亜細亜大学
    アジア研究所所報』第164号。
猿渡剛 [2018]「ASEAN経済統合の展開と多国籍企業」福井県立大学『経済経営研究』第38
    号。
関満博 [1993]『フルセット型産業構造を超えて』中公新書。
助川成也 [2015]「ASEANの生産ネットワークと日本企業」石川幸一・馬田啓一・高橋俊樹
    編『メガFTA時代の新通商戦略―現状と課題』文眞堂。

第 **9** 章

企業の国際化とコンテナ物流

はじめに

　メーカーが商社を通じて，あるいは自らが設立した海外販売拠点を通じて製品を販売している限りでは，国際物流は一方的で，比較的ストレートである。ところが，海外に工場を設置して現地生産を行うようになると，自国から資本財を輸出し，生産財を現地あるいは第三国から調達し，生産された製品を輸出するという過程をたどる。

　アジア地域では「適財適所」の下に，域内諸国の分業構造が全域に広がっている。『景気回復の持続性と今後の課題』（内閣府，2019年1月）によれば，「東アジアにおいては，国際的な生産工程の分散が進んでおり，様々な国・地域で製造した中間財を他の国に輸出して完成品を製造するといった国境を越えた生産ネットワークが形成されているのが特徴である」とコメントしている。そこでの物流も当然，モノの種類・量を増やし，流れるルートも多様化し，広範かつ太くなっている。

こうした企業の海外進出はさらに高度化し，現地で戦略的経営展開をするための拠点整備が進むにつれて，企業が国境を越えて多国籍企業としての事業展開を本格化させる。これは，メーカーの海外製造拠点展開に見ることができる。こうして多国籍企業のビジネス・ネットワークは着々と整備・拡充され，従来商社を介して行われていた貿易体制は次第に企業が自ら行う直接貿易へと傾斜し，直貿比率が高まっている。すなわち，多くの企業は海外との国際商流（貿易取引）に直接携わるようになっているのであるが，この国際商流と表裏の関係にあるのが，取引された商品そのものの移動，つまり国際物流である。

　国際物流は，一般に，輸送貨物が詰め込まれた国際標準のコンテナを大型のコンテナ船に積載して大量に輸送するという方法を採ることで効率化が実現されている。本論では，国際展開に伴って複雑・多様化する企業の物流ニーズと，それに対応して変容する国際コンテナ物流について論じる。

1　企業の国際展開

　最も早く海外進出を行ったものの1つが家電業界である。第二次世界大戦後，日本では欧米より技術導入を図りながら，1950年代に家電産業が形成されていった。1960年代に入って輸出を始め，世界各国に販売会社や販売代理店網をつくり，輸出拡大に努めた。このような過程の中で，1980年頃には日本の家電産業は世界的な地位を確立していったのである。

　しかし，家電の生みの親である米国への輸出が伸長し，相手国の国内産業に大きな打撃を与えた。これが米国との貿易摩擦を招来し，欧州にも波及した。日本企業は現地企業を買収したりして，欧米での現地生産を行うことで対処した。

　日本からの海外直接投資は1960年代の後半から増加し始め，オイルショック時に一時停滞したものの，その後は増加の一途をたどり，1985年のプラザ合意以後の円高局面からは生産施設の海外移転が加速されていった。

　一方で，日本の輸入構造は大きく変わり，製品の輸入が急増している。こ

れを製品輸入比率（輸入総額に占める工業製品の輸入の割合）で見ると，1975年20.3％，1980年22.8％，1985年31.0％，1990年50.3％，1995年59.1％，2000年61.1％，2005年58.5％，2010年55.0％，2015年61.6％，2017年には63.4％となっている。日本は1980年代半ばまで，輸入全体に占める製品類の比率が30％を下回っていた。欧米の主要国が70％を超える中で，貿易不均衡を生む原因の1つと指摘され，製品輸入の増加を求められていた。

しかし，日本でも1980年代後半からの円高で，韓国や台湾・東南アジアからの軽工業製品等の輸入が増加し，50％台まで水準を高めた。政策面でも外国製品輸入に伴う民間企業のコストやリスクの負担を軽減するため，「製品輸入促進税制」を1990年4月に導入した経緯がある。

2 変貌する国際物流

(1) 販売拠点の設立と物流システム

1950年代から1960年代には，販売網の整備を目的とする欧米諸国への海外直接投資が増加した。商社だけでなく，電機・自動車等の先進輸出企業も海外販売投資を本格化し始めた。

この頃から，販売拠点として販売子会社を海外に設立し，現地での販売や物流を効率化する動きが顕著になった。海外に販売子会社を設立するようになると，製造業者の物流は，輸出に加え，現地での販売物流まで拡大するようになり，次のような物流ニーズが生じてきた。

◆国内生産拠点から海外の自社ストックポイントへの輸送効率化

◆海外ストックポイントから販売拠点への内陸輸送効率化

◆海外拠点の物流効率化（輸入手続・輸送手配を含む）と物流管理

このような物流ニーズに応えるかのように，物流システム面ではコンテナリゼーションが始まった。国際標準のコンテナを一貫して輸送用具として利用することにより，荷役が迅速化され，積替えによる損傷が減少した。コンテナリゼーションは，その後の国際物流の主役となる複合一貫輸送発展の技

術的な裏付けともなった。米国で始まったコンテナリゼーションは，日本関連航路では1968年に北米航路で開始された。わが国における定期海上輸送のほぼ100％を占める等，現在ではなくてはならない輸送方式である。

物流管理面では，海外特有の規制や慣習等に対応するため，現地事情に詳しい現地フォワーダー（貨物取扱人）や現地に進出した日系フォワーダーに委託するケースも多いが，現地法人に物流担当部署を設置し，自ら物流効率化に取り組む企業も増えている。

(2) 生産・技術開発の海外移転と物流システム

日本製品の大量輸出により，欧米諸国との間で貿易摩擦が激化するようになった。1968年には米国でカラーテレビのダンピング問題が取り上げられ，この問題は長期化し1977年には輸出自主規制を自ら課さなければならなくなった。繊維・自動車・半導体・工作機械等の輸出でも同様な経緯をたどった。日本の製造業者は，輸出から欧米諸国での現地生産に切り替えることを余儀なくされた。

一方，輸入障壁の高いアジア諸国では，これ以前から現地生産を行っていた。繊維産業では1950年代から，電機産業では1960年代から，東南アジアへの進出が始まった。その目的は主に，現地市場を確保するためであり，労働集約的な最終生産工程を中心とする小規模な生産投資が主体であった。

1970年代に入ると，貿易摩擦が激化する欧米向け輸出生産基地としてアジアへ生産拠点を移転する製造業者が増えてきた。この動きは，アジア諸国が国際競争力のある産業を育成するため，輸出加工区を設置し外国企業を誘致する政策によって加速化された。この時期になると，それまでと比べて大規模な海外生産投資が台湾・韓国・シンガポール・マレーシア等で行われるようになった。また，1979年，中国政府は改革開放路線を主導し，1984年には東部沿岸地域に経済技術開発区を整備した。

しかしながら，1971年から1985年までは「仕方なしの現地生産」であった。輸出主導から現地生産へ戦略が転換したのは，1985年のプラザ合意以降，急速に進んだ円高局面の時期であった。

海外生産が本格化すると，原材料・部品の調達物流を管理する必要が生じ，

次のような範囲まで物流ニーズが広がる。

◆海外生産拠点での原材料・部品の調達物流

◆海外生産拠点から販売拠点への販売物流

◆日本への製品逆輸入

この段階では，逆輸入・第三国輸送のように，世界を結ぶ物流ネットワークが求められるようになる。このような物流ニーズに応えるため，日系フォワーダーは，1980年代に入って急速に海外進出を加速している。日系フォワーダーの中には，海外ネットワークを活用し，アジアと欧米間，欧州域内，アジア域内等，第三国間の混載輸送サービスを提供する事業者が増えている。

3 コンテナ物流の概要

前述したように，企業の国際化が進展すると，企業間における中間財輸送，最終財輸送が全世界に拡大していく。企業は国内と同様，国際間においてもなるべく在庫を削減することを前提に企業活動を行っている。その中で，定時性の確保が重視され，それを支えるのがコンテナ船によるコンテナ物流である。

そこで，コンテナ物流の現状を見ることにする。

(1) 港別コンテナ貨物取扱量

コンテナ港湾の特徴を示す代表的な指標として，コンテナ貨物取扱量がある。**図表9-1**は，2018年のコンテナ貨物取扱量の港別ランキング（上位20位）を示している。第1位は取扱量4,201万TEU（Twenty-foot Equivalent Unit：20フィート標準コンテナ換算）[1]の上海港であり，第2位のシンガポール港の3,660万TEUと並びこの両港が飛び抜けた取扱量を示している。この2港に続くのは，取扱量2,000万TEU台の寧波港・深圳港・広州港・釜山港であり，第2グループを形成している。

また，取扱量1,000万TEU台を見ると，香港港・青島港・LA/LB（ロサンゼルス・ロングビーチ）港・天津港・ドバイ港・ロッテルダム港・ポート

図表9-1　世界の港湾のコンテナ取扱量ランキング（2018年）

順位	港湾名	国名	CT自動化	18年取扱量（万TEU）	17年取扱量（万TEU）	前年比（％）
1	上海	中国	○	4,201	4,023	4.4
2	シンガポール	シンガポール	○	3,660	3,367	8.7
3	寧波	中国	×	2,635	2,461	7.1
4	深圳	中国	×	2,574	2,521	2.1
5	広州	中国	×	2,187	2,037	7.4
6	釜山	韓国	○	2,166	2,047	5.8
7	香港	中国	○	1,960	2,076	-5.6
8	青島	中国	○	1,932	1,830	5.6
9	LA/LB	アメリカ	○	1,755	1,689	3.9
10	天津	中国	○	1,601	1,507	6.2
11	ドバイ	UAE	○	1,495	1,537	-2.7
12	ロッテルダム	オランダ	○	1,451	1,373	5.7
13	ポートクラン	マレーシア	×	1,232	1,198	2.8
14	アントワープ	ベルギー	○	1,110	1,045	6.2
15	厦門	中国	○	1,070	1,038	3.1
16	高雄	台湾	○	1,045	1,027	1.8
17	大連	中国	×	977	970	0.7
18	タンジュンペラパス	マレーシア	○	896	838	6.9
19	ハンブルグ	ドイツ	○	877	886	-1.0
20	レムチャバン	タイ	○	807	778	3.7
29	東京	日本	×	511	505	1.2

注：CT（コンテナターミナル）自動化の導入状況は2018年時点である。美野智彦「海外港湾における自動化の動向」『港湾』2019年3月号を参照。

出所：『日本海事新聞』2018年4月10日，2019年4月12日。

クラン港・アントワープ港・厦門港・高雄港と続く。わが国港湾では東京港の29位が最高である。上位20位の港湾のうち15港がアジア諸国のコンテナ港湾である。実に中国の港湾は上位20港中9港が入っている。

また，近年，多くの港湾でコンテナターミナルの自動化が進められている。上位20位の港湾のうち，2018年時点で15港湾が自動化されている。青島港では2017年5月に第1期2バースが運営開始されている。現地調査によれば，自動化の効果は人件費70％削減，生産効率30％上昇，STS（Ship to Shore）クレーンでの最大値は1基1時間あたり42.5TEUとしている[2]。わが国でも「PORT2030」といった港湾政策の中で，AIターミナルの整備が打ち出されている。

この港別ランキングは，コンテナ輸送の進展とともに上位の港湾及びその

図表 9-2　**港湾別ランキング推移**

(単位：万TEU)

順位	1975年		1985年		1995年		2005年		2018年	
1	ニューヨーク	173	ロッテルダム	265	香港	1,255	シンガポール	2,319	上海	4,201
2	ロッテルダム	108	NY/NJ	237	シンガポール	1,185	香港	2,243	シンガポール	3,660
3	神戸	90	香港	229	高雄	523	上海	1,808	寧波	2,635
4	サンジュン	88	高雄	190	ロッテルダム	479	深圳	1,620	深圳	2,574
5	香港	80	神戸	186	釜山	450	釜山	1,184	広州	2,187

出所：Containerisation International Yearbook 1978,1988,1998,2007,2018年は『日本海事新聞』2019年4月12日。

取扱量も大きく変化してきている。**図表 9-2** は，1975年・1985年・1995年・2005年と2018年における上位5位までのコンテナ港湾とその取扱量を示している。1975年では，第1位ニューヨーク港，第2位ロッテルダム港，第3位神戸港となっており，第1位のニューヨーク港の取扱量でも173万TEUであった。90年頃からこの構造が大きく変化し，アジア諸国の港湾が上位を独占している。こうした港別ランキングの変化は，港湾の背後圏の経済発展，港湾への投資，港湾を利用する船社の意向等，様々な要因により生じているものと思われる。

2018年では，上位5港のうち4港は中国の港湾，あとはシンガポール港となっており，2001年以降，上位5港湾は中国を含むアジア諸国の港湾で占められている。

さらに，**図表 9-3** は，2018年の上位港湾（上位10位のうちLA/LBを除く）と高雄港・東京港の2000年から2018年までの取扱量推移を見たものである。2000年から2004年まで中継拠点港としてトップとなっていた香港港の取扱量が鈍化し，2010年以降は上海港が第1位となっている。この背景には中国本土の広州港や深圳港に基幹コンテナ航路が就航したことがある。上海港以外では，寧波港・広州港・青島港・天津港の各港が取扱量を伸ばしてきている。

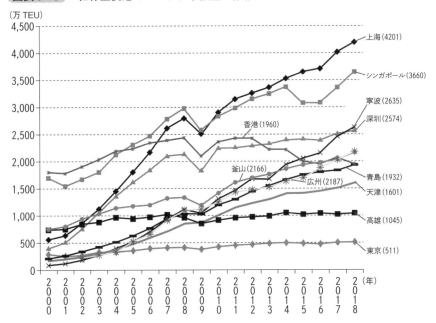

図表 9 - 3　世界主要港のコンテナ取扱量の推移

（万 TEU）

上海（4201）
シンガポール（3660）
寧波（2635）
深圳（2574）
香港（1960）
釜山（2166）
広州（2187）
青島（1932）
天津（1601）
高雄（1045）
東京（511）

出所：日本港湾協会『数字でみる港湾』各年版，オーシャンコマース『国際輸送ハンドブック』各年版，2010年は Containerisation International Yearbook 2012，2017年と2018年は『日本海事新聞』2018年 4 月10日，2019年 4 月12日。

(2)　国・地域別コンテナ貨物取扱量

　図表 9 - 4 は，2017年のコンテナ貨物取扱量の国・地域別ランキング（上位20位）を示している。第 1 位は取扱量 2 億1,372万 TEUの中国であり，取扱量5,143万 TEUの米国を大きく引き離している。この 2 国に続くのは，第 3 位が取扱量3,360万 TEUのシンガポール，第 4 位が取扱量2,743万 TEUの韓国であり，上位20位までの国・地域は1,000万 TEUを超えている（2005年では 8 位まで）。わが国は取扱量2,190万 TEUで第 6 位である。

　取扱量とランキングの関係では，上位20位の国・地域のうち11の国・地域がアジアである。

　この国別ランキングについても，図表 9 - 5 に1975年・1985年・1995年・2005年・2017年のデータを示している。1975年から1995年まで米国は一貫し

図表9-4　国・地域別ランキング表（2017年）

順位	国・地域名	万TEU	対世界（％）
1	中国	21,372	28.4
2	米国	5,143	6.8
3	シンガポール	3,360	4.5
4	韓国	2,743	3.6
5	マレーシア	2,472	3.3
6	日本	2,190	2.9
7	アラブ首長国連邦	2,128	2.8
8	香港	2,077	2.8
9	ドイツ	1,945	2.6
10	スペイン	1,707	2.3
11	台湾	1,497	2.0
12	オランダ	1,395	1.9
13	インドネシア	1,386	1.8
14	インド	1,326	1.8
15	ベトナム	1,228	1.6
16	ベルギー	1,186	1.6
17	タイ	1,073	1.4
18	イタリア	1,070	1.4
19	イギリス	1,053	1.4
20	ブラジル	1,005	1.3

注：世界合計は75,271万TEUである。
出所：UNCTAD, Container port throughput, annual 2010-2017, 国土交通省港湾局［2019］。

て1位を占めていたが，2005年には2位に転落し，代わって中国が第1位となっている。1995年には米国を除く4国がアジア諸国になっていることも注目される。先に述べた港別ランキングと同様，アジア諸国とりわけ，中国の急成長が著しいことが指摘される。

図表9-5　国・地域別ランキング推移　　　　　（単位：万TEU）

順位	1975年		1985年		1995年		2005年		2017年	
1	米国	527	米国	1,153	米国	1,910	中国	8,855	中国	21,372
2	日本	187	日本	552	中国	1,723	米国	3,852	米国	5,143
3	イギリス	139	台湾	308	シンガポール	1,185	シンガポール	2,319	シンガポール	3,360
4	オランダ	114	イギリス	289	日本	1,060	日本	1,678	韓国	2,743
5	プエルトリコ	88	オランダ	277	台湾	785	韓国	1,511	マレーシア	2,472

出所：Containerisation International Yearbook 1978, 1988, 1998, 2007, UNCTAD, Container port throughput, annual 2010-2017, 国土交通省港湾局［2019］。

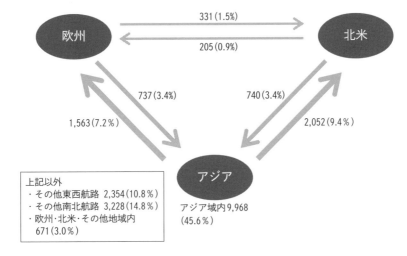

図表 9 - 6　世界の国際海上コンテナ荷動き量（2018年）（単位：万TEU）

331（1.5%）

205（0.9%）

欧州

北米

737（3.4%）

740（3.4%）

1,563（7.2%）

2,052（9.4%）

アジア

アジア域内9,968
（45.6%）

上記以外
・その他東西航路　2,354（10.8%）
・その他南北航路　3,228（14.8%）
・欧州・北米・その他地域内
　671（3.0%）

出所：日本郵船調査グループ［2019］より作成。

　さらに，**図表 9 - 6** は世界の国際海上コンテナの荷動き量を示したものである。全世界合計で 2 億1,848万 TEU となっている。このうちアジア域内の荷動き量が45.6%，アジア〜北米が12.8%，アジア〜欧州が10.6%を占めており，アジア関連航路が世界の全荷動き量の69.0%を占めている。

4　変貌する世界のコンテナ港湾

　アジア諸国の港湾が台頭する中で，コンテナ港湾自体はどのように変化しているか見ていくことにする。

(1)　港湾の経営をめぐる環境変化

　国際的な海上輸送量は，グローバル化が本格化し始めた1980年の37億トンから2018年の118億トンへと，約40年間で 3 倍に増加した。特に，世界の港湾コンテナ取扱量は同じ期間に3,700万 TEU から 7 億8,500万 TEU へと21倍もの急激な増加を遂げている。

また，コンテナ船の大型化も目覚ましく，1980年代には2,500TEU型であったものが，1990年代後半から急激に大型化し，現在では2万TEU型のコンテナ船が建造されている。この時点で，満載時に必要とする岸壁水深は18mとなった。

　各国のコンテナ港湾は，これら急増する貨物量や大型化する船舶を効率よく受け入れるため，施設の拡充やターミナルの効率化に懸命に努めてきた。まさにグローバル化を世界の港湾が支えてきたといえる。

　しかし，そのグローバル化こそが，海陸交通の結節点という伝統的な港湾モデルに基本的な問題を突き付けている。まず港湾の雇用力の低下である。コンテナリゼーション等，荷役の機械化・自動化により，港湾のターミナルで働く労働者数は劇的なまでに減った。コンテナ取扱量が爆発的に増えたにもかかわらず，港湾労働者の数は先進国の多くの港湾でピーク時の半分程度に減っている。貨物の取扱量が増加すれば港湾で働く労働者が増え，地域の雇用を創出するという伝統的な図式は崩れてしまった。

　また，船社やターミナルオペレーターに対して港湾が交渉力を失いつつある。2019年8月末のデータでは，大手3船社のコンテナ船船腹量は世界の46.5％を占めている。また大手ターミナルオペレーター5社が世界のコンテナ取扱量の約30％（2018年）を占める。船社やターミナルオペレーターは巨大化・寡占化し市場の支配力を強めている。

　これらのオペレーターは，かつての地元と協力し共に発展する姿勢から，グローバルな経済合理性に基づくようになり，その見直しも頻繁に行われる。

　さらに，サプライチェーンマネジメント（supply chain management：供給連鎖管理）の到来である。近年では，グローバルに分業化した生産活動をシームレスにつなぎ，市場での競争力を高めていくためには，高度なサプライチェーンの形成が不可欠となる。港湾がそのターミナルの効率化を改善しても，背後圏に至る港湾を含めたサプライチェーン全体が最適化されていなくては，港湾そのものが市場から選択される保証はない。つまり，「物流の時代」から「サプライチェーンの時代」への移行は，港湾にターミナルの高度化だけに注力する伝統的な港湾経営からの脱皮を迫っている。今や生産工場における伝統的な製造活動と並んでロジスティクス（logistics）産業が製

品の市場価値を決め，新たな市場価値をも生み出す段階に入った。

　こうした広範なロジスティクス・サービスに対する需要の高まりは，港湾に新たな役割とチャンスを提供している。港湾が単に海陸輸送を結節する機能にとどまらず，ロジスティクス・ハブ（hub：中枢）へと発展する可能性を示している。

　伝統的な港湾モデルに危機感を募らせた世界の主要港湾は，すでにこうした方向を目指して動いている。港湾を核とする質の高い広域サプライチェーンを自ら主導して構築するものである。このような取り組みは「港湾のロジスティクス戦略」といわれる。目指すのは，港湾を利用することが製品の市場価値を高める港湾づくりである。荷主のサプライチェーンにとって価値があれば，船社も荷主にその港湾の利用を促し集荷できる。ターミナルオペレーターにとっても，荷主や船社がその港湾の利用に利点を見出すことは，ただちに自分のビジネス拡大を意味する。

　こうして地域が港湾経営の主体性を再び取り戻すことになる。何よりも，幅広いロジスティクス産業を発展させることにより，港湾を場とする大きな雇用を創出し，地域経済に雇用や企業立地による税収を生み出すことが再び可能となる。

　港湾のロジスティクス戦略は大きく２つのグループから構成される。それは，「ロジスティクス・センター戦略」と「ロジスティクス回廊戦略」である。

　まず，ロジスティクス・センター戦略にとって，生産性の高いコンテナターミナルは必須である。ロッテルダム港やハンブルグ港等，大規模なオペレーターによるターミナル自動化が世界の流れとなっている。**図表9－1**でも示したように，釜山港・青島港や上海港においてもコンテナターミナルの自動化が進められている。

　さらに，荷主は幅広いロジスティクス・サービスを必要としている。港湾がその拠点となるため，欧州や米国では，主要港すべてがロジスティクス・パークを開発している。コンテナターミナルを上回る規模の受け皿をつくり，国際的なロジスティクス企業の集積を図っている。同様の動きはアジア諸国の港湾でも1990年代後半から進められている。わが国の港湾では，横浜港と

神戸港の将来計画でロジスティクス・センターの整備が位置付けられている。

　一方，ロジスティクス回廊戦略とは，背後圏へのアクセス強化である。様々なニーズに合わせた輸送手段の選択ができるようマルチモーダル（multi modal）[3]の回廊づくりが盛んである。欧州・米国の主要港湾は，背後圏の各地と結ぶ道路や鉄道，内陸水路のハード・ソフト整備に積極的である。特に，鉄道や内陸河川バージのシャトル便の運行を，民間事業者と連携し実現している。さらに，内陸に直営や合弁によりインランド・コンテナ・ターミナルを建設する動きも活発である。また，コンテナ輸送を効率化するためターミナル予約システムやロジスティクス情報の提供システムにも力が注がれている。

　中国政府は，2013年に習近平主席が提唱した「一帯一路構想」をさらに深化させ，日本や韓国の貨物も集荷し，欧州向けの新たな選択肢に加えようとしている。このように，欧米だけでなくアジア地域においても，ロジスティクス回廊の整備は着々と進展している。

　今後は，各港の関係者が官民問わず一丸となって，どれだけの付加価値を利用者に提供できるかということが重要となってきている。

(2) 港湾と連結する鉄道輸送

　中国の「一帯一路」構想は約7年が経過し，定着してきた。物流面では港湾と連携した欧州向けの鉄道輸送が開始されている。

　中欧班列（中国と欧州を結ぶコンテナ定期列車，1編成は44両）は，2019年には8,225便（中国発4,525便，欧州発3,700便）が運行されており，対前年比1.29倍となっている。運行が本格化した2011年の17便とは比較にならない便数である。

　中国発と欧州発の比率を見ると，2017年は1.88であったが，2019年は1.22となり往復のバランスが解消されつつある。2019年の主な取扱駅を見ると，成都が1,576便，重慶が1,507便，西安が1,137便，鄭州が750便，武漢が332便となっている。また，2019年における中欧班列の年間コンテナ輸送量は欧州発で32万3,181TEU，中国発で40万2,131TEU，計72万5,312TEUであった[4]。2011年が合計1,404TEUであったことからすると，この8年間で取扱

量は急増していることがわかる。

中欧班列で利用されているのは40フィート・コンテナのみなので，2019年では1便平均44本の40フィート・コンテナが輸送されていることになる。

日本企業で積極的に中欧班列を利用しているのは，日本通運である[5]。

日本通運は，2015年11月16日，中国－欧州間の鉄道輸送に本格参入した。中国側は武漢・重慶・ハルビン，欧州側はドイツのハンブルグ・デュイスブルグである。鉄道輸送を利用すれば，中国主要港経由の海上輸送ルートと比較して，リードタイムを半減させられる。運賃もドア・ツー・ドアのパッケージで設定することで，荷主にとって利用しやすい商品としている。費用については，内陸からのトラック・水運の内陸輸送を含めれば，ルートによっては海上運賃の2倍程度，航空輸送の8分の1程度の水準となる。

中国発欧州向けは，FCL（Full Container Load：コンテナ借り切り）で武漢発週2便，重慶発3便，ハルビン発1便，LCL（Less than Container Load：小口混載）で各仕出地（ハルビンを除く）から週1便である。欧州発中国向けは，デュイスブルグ・ハンブルグ発のFCLを週2便でスタートさせた。当時のヒアリングでは，中国内陸部発の需要は多く，ビジネスとして成立しているとのことであった。

その後，同社は，2018年5月，「Eurasia Train Direct」（**図表9−7**参照）の日本発着について大連港と重慶経由を設定した。日本から海上輸送して中国・大連の鉄道駅で接続する「Sea & Rail」，航空輸送して重慶で列車に繋ぐ「Air & Rail」である。輸送日数は，同社パンフレットによれば，日本－大連港－デュイスブルグが28日，日本－重慶－デュイスブルグが22〜24日となっている。

さらに，Sea & Railの場合，名古屋港・大阪港・神戸港・博多港から青島港経由西安鉄道コンテナセンター駅，または大連港から中欧班列を利用，Air & Railの場合，成田空港から重慶・西安を経由し，欧州にコンテナを輸送している。その中で，2019年6月4日，西安鉄道コンテナセンター駅から週3便（火・木・金），デュイスブルグ・ハンブルグ向け中欧班列を定期便化すると発表した。

また，欧州向け貨物の需要が集中する上海エリアの少量貨物をすばやく送

図表 9-7 日本通運の「Eurasia Train Direct」のルート図

出所：日本通運ホームページ。

りたい需要に対応するため，上海の自社CFS（Container Freight Station：混載貨物積卸場）からデュッセルドルフの自社CFSに週1便の自社発着一貫管理を行う混載サービスも開始している。

そして，2019年9月より，日本発欧州向けSea & Railで，中国・厦門港（福建省）経由のサービスを開始している。同社報道では，従来の大連港や太倉港経由サービスより輸送日数を7日短縮，運賃は4割安くなるとしている。

その他，日本企業では日新や西鉄等が積極的であるが，貨物量がまとまらないため利用は進んでいない。

おわりに

一方，韓国企業は中欧班列を積極的に利用している。最後に，韓国物流企業の事例を紹介して結びとしたい。

SJロジスティクスは1992年に設立，中国及び中央アジア向け，モンゴル向け及びロシア向け鉄道輸送サービス，イラン向けトラック輸送サービス，

中欧班列による中国欧州間鉄道輸送サービス等様々な陸上輸送サービスを行っている。

その中で，韓国発と中国発のLG電子の貨物を成都鉄道コンテナセンター駅に集めブロックトレイン（コンテナ専用列車）を仕立て，中欧班列で欧州へ輸送している。その際，日照港と成都鉄道コンテナセンター駅との特別な関係を利用し，地方政府から補助金を得て有利にビジネスを展開している。同社によれば，仁川－ウッジの所要日数は25日で1FEU（Forty-foot Equivalent Unit：40フィート・コンテナ換算）当たり約6,500ドルである[6]。

UNICOロジスティクスは，2002年11月12日に設立，2018年の韓国本社ベースの売上高は3,818億ウォンである。グループ全体では約6,600億ウォンを売り上げている。同社はTSR（シベリア鉄道），TCR（中欧班列）両方のサービスを行っているが，現時点では輸送日数・輸送費用ともTSRに対する評価が高い。

同社では，ナホトカ・ボストーチヌイからブロックトレインを仕立て，TSRのサービスを提供しており，ボストーチヌイやウラジオストクを起点とするコンテナハンドリングでは全体の30％弱を担当する。釜山港からポーランドまで所要日数21日，1FEU当たり5,500～5,600ドルである。同社は，日本や韓国の貨物を集約し，TSRで輸送する計画を持っている。神戸港－ウラジオストク－ワルシャワまで所要日数26日，1FEU当たり5,300ドルで提供している[7]。

注
1 コンテナ取扱量を表す単位。20フィート標準コンテナ1個が1TEU，40フィートのコンテナ1個は2TEUである。
2 青島港国際股份有限公司の聞き取り調査（2019年9月24日）による。
3 効率的な輸送体系と良好な交通環境の確立を目指し，道路や航空・海運・鉄道等複数の交通機関を連携させる交通施策を指す。
4 'Daily Cargo', January 27, 2020.
5 以下の記述は，日本通運㈱グローバルフォワーディング企画部の聞き取り調査（2016年5月26日，18年12月6日，19年6月27日）による。
6 SJロジスティクスの聞き取り調査（2018年9月21日）による。
7 UNICOロジスティクスの聞き取り調査（2019年9月23日）による。

引用・参考文献

男澤智治［2017］『港湾ロジスティクス論』晃洋書房。

国土交通省海事局［2019］『海事レポート2019』。

国土交通省港湾局監修［2019］『数字でみる港湾2019』日本港湾協会。

齊藤実・矢野裕児・林克彦［2020］『物流論〈第2版〉』中央経済社。

社団法人日本貿易会［2008］『日本貿易の現状〈2008年版〉』。

社団法人日本貿易会［2018］『日本貿易の現状〈2018年版〉』。

内閣府［2019］『日本経済2018-2019—景気回復の持続性と今後の課題』。

日本郵船調査グループ編［2019］『世界のコンテナ輸送と就航状況〈2019年版〉』日本海運集会所。

第 **10** 章

国際交通ビジネスとしての外航旅客航路

はじめに

　日本は領土が海に囲まれ，陸上の国境が存在しないので，諸外国との往来には航空もしくは航路が利用されることになる。日本の国際旅客輸送においては，運航速度に優れた航空を利用するとの認識が一般的である。2017年の乗降旅客数を比較すると，航空は9,120万人であるのに対して航路は144万人であり[1]，航空が98.4%で圧倒的なシェアを占める。しかし，空港・港別に見ると，多くの旅客が利用する航路も存在することがわかる。本章では，日本の国際旅客輸送において等閑視されがちな外航旅客航路[2]に焦点を当て，その現状分析から，国際交通ビジネスとしての可能性と課題について論じる。

1 外航旅客航路の概況

(1) 韓国・中国・ロシアとの外航旅客航路

　図表10-1は2019年4月時点の外航旅客航路の状況である。日本と地理的に近接する韓国・中国及びロシアとの間に，9航路が14事業者によって運航されている。これらのうち韓国を発着するものが6航路あり，下関～釜山，博多～釜山，対馬（比田勝）～釜山，対馬（厳原）～釜山の4航路は1日1往復以上の運航となっている。また大阪～釜山航路は週3往復が運航されている。途中韓国に寄港しロシアを発着する境港～東海～ウラジオストク航路と，中国を発着する大阪・神戸～上海と大阪～上海の2航路は，週1往復の運航頻度である。ロシアを発着する稚内～コルサコフ航路は夏期（6～9月頃）の運航とされているものの，2019年5月1日時点では，運航休止中となっている。

　1日1往復以上の運航である釜山発着の上記4航路のうち，下関～釜山航路を除く3航路は，ジェットフォイルもしくは高速船[3]を用いた高速輸送である。

図表10-1　外航旅客航路の現況（2019年4月現在）

航路名	運航事業者名	国籍	船名	船籍	船型	運航頻度
稚内〜コルサコフ	サハリン海洋汽船	ロシア	PENGUIN32	ドミニカ	旅客船	6〜9月頃（2019年5月1日現在運航休止中）
境港〜東海〜ウラジオストック	DBSクルーズフェリー	韓国	イースタンドリーム	パナマ	フェリー	週1往復
大阪・神戸〜上海	中日国際輪渡有限公司	中国	新鑑真	中国	フェリー	週1往復
大阪〜上海	上海フェリー	日本	蘇州号	中国	フェリー	週1往復
大阪〜釜山	パンスターライン	韓国	PANSTAR DREAM	韓国	フェリー	週3往復
下関〜釜山	関釜フェリー	日本	はまゆう	日本	フェリー	毎日1往復
	釜関フェリー	韓国	星希	韓国	フェリー	
博多〜釜山	カメリアライン	日本	ニューかめりあ	日本	フェリー	毎日1往復
	JR九州高速船	日本	ビートル	日本	ジェットフォイル	毎日2〜3往復
			ビートル2世	日本	ジェットフォイル	
			ビートル3世	日本	ジェットフォイル	
	未来高速	韓国	コビーV	韓国	ジェットフォイル	運休中（2019年10月末まで）
対馬（厳原・比田勝）〜釜山	大亜高速海運	韓国	オーシャンフラワー	韓国	高速船	週4〜5往復（厳原〜釜山）
			オーシャンフラワー2	韓国	高速船	週5〜6往復（比田勝〜釜山）
	JR九州高速船	日本	ビートル	日本	ジェットフォイル	毎日2往復（比田勝〜釜山）
			ビートル2世	日本	ジェットフォイル	
			ビートル3世	日本	ジェットフォイル	
	韓日高速海運	韓国	オーロラ	韓国	高速船	2018年2月2日より毎日1往復（比田勝〜釜山）
	未来高速	韓国	コビーV	韓国	ジェットフォイル	毎日1往復（厳原／比田勝〜釜山）
	スターライン	韓国	ニーナ	韓国	高速船	2018年3月23日より毎日1往復（厳原／比田勝〜釜山）
対馬（厳原）〜釜山	対伸	日本	BLUE TSUSHIMA	パナマ	フェリー	2018年2月24日より（不定期航路）

出所：国土交通省海事局『海事レポート』2019年版及び同省北海道開発局ホームページ。

(2) 外航旅客航路の旅客数

　図表10-2は外航旅客航路の旅客数の推移を示している。旅客数は2012年から2014年にかけて減少し、2014年は102万人であったが、2015年以降増加に転じ、2017年と2018年は140万人を超えている。韓国航路の旅客数が圧倒的な比率を占めていることが大きな特徴で、2018年は145万人、外航旅客航路の旅客数全体（146万人）の99.2％である。また韓国航路では、外国人旅客の比率が大きいことも特徴としてあげられる。

　先に述べたように、日本の国際旅客輸送においては、航空が圧倒的なシェアを占めている。しかし、各空港・港の国際旅客乗降者数を見ると、旅客数が僅少とはいえない航路も存在することがわかる。

　図表10-3は2017年における国際旅客乗降者数の多い20の空港・港を示したものである。本図表に4つの港が入っており、最上位は8位の比田勝港で、19位の厳原港と合わせると対馬は72万人の旅客数となる。博多港は9位の41万人、下関港は18位の21万人となっており、これら4港の合計は133万人で、図表10-2に示した2017年の韓国航路旅客数の93.3％を占めている。また図

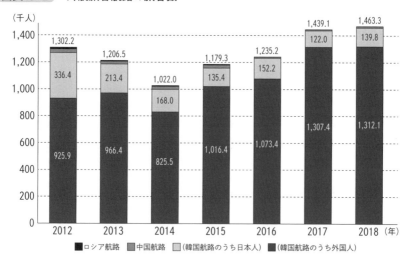

図表10-2　外航旅客航路の旅客数

出所：国土交通省海事局『海事レポート』2019年版、96頁。

順位	名称	乗降者数（千人）	順位	名称	乗降者数（千人）
1	成田国際空港	31,091	11	高松空港	299
2	関西国際空港	21,038	12	静岡空港	290
3	東京国際空港	16,895	13	鹿児島空港	286
4	福岡空港	6,168	14	北九州空港	275
5	中部国際空港	5,510	15	仙台空港	270
6	那覇空港	3,538	16	岡山空港	241
7	新千歳空港	3,290	17	小松空港	205
8	比田勝港（対馬）	516	18	下関港	206
9	博多港	407	19	厳原港（対馬）	204
10	広島空港	323	20	函館空港	197

出所：国土交通省総合政策局情報政策本部監修『交通経済統計要覧』平成29年版及び同省海事局『海事レポート』2018年版。

表10-1に示したように，これら4港を発着する外航旅客航路はすべて釜山と結ぶもので，いずれも運航頻度が高い。博多〜釜山，下関〜釜山，対馬〜釜山の各航路が外航旅客航路の主幹を成しているといえよう。

2　博多〜釜山航路の経緯と現状

(1)　博多〜釜山航路の開設

　本節では外航旅客航路の主幹を成している航路の中から博多〜釜山航路を取り上げ，その経緯と現状を考察する。

　博多〜釜山航路が開設されたのは1990年代に入ってからであり，すでに航空路線（福岡〜釜山線）が存在する中で新規に参入したものである。このような航空と競争関係にある航路について考察することは，国際交通ビジネスとしての外航旅客航路の課題と可能性を明らかにするうえで有益であると思われる。

　『博多港統計年報』平成30年版によると，博多港は1952年以降，外航旅客航路はなかったが，カメリアラインが1990年12月に博多〜釜山航路を開設したことで[4]，外航旅客航路の発着港となった。

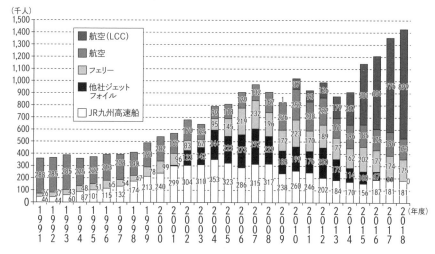

注1：各年度は4月〜3月である。
　2：他社ジェットフォイルの2011年度から13年度までの旅客数には，大亜高速海運が運航する高速船の実績を含む。
　3：航空はスターフライヤーの旅客数（不定期便）を含まない。
出所：JR九州高速船提供資料より作成。

　図表10-4は福岡〜釜山間（博多〜釜山航路と航空の福岡〜釜山線）の旅客数の推移である。LCC（Low Cost Carrier：格安航空会社）と呼称される航空事業者が参入する2009年度以降と，それ以前とで異なる傾向を示している。

(2)　2008年度以前の状況

　2008年度以前において旅客数の推移にとりわけ大きなインパクトを与えているのは，博多〜釜山航路において九州旅客鉄道（現JR九州高速船）が1991年3月から運航を開始したジェットフォイルである[5]。JR九州高速船の旅客数は1991年度と1992年度は5万人未満であったが，1993年度以降増加傾向を示し，1995年度には10万人を超え，1999年度には20万人を超えている。2001年度から2008年度までは，おおむね30万人台となっている。

　ジェットフォイルは2000年度までJR九州高速船のみが運航していたが，韓国の未来高速が2002年2月に新規参入し，さらに韓国の大亜高速海運が

2012年2月〜2013年10月に高速船を用いて参入したため[6]，**図表10-4**では両者を合わせた数値を他社ジェットフォイルとして図表内に掲載している。ジェットフォイルの旅客数合計は，新規参入によって2001年度以降さらに増加している。2002年度には40万人を超え，2004〜2008年度はおおむね50万人台後半で推移している。

　フェリーはカメリアラインによる運航である。2004年度までは10万人未満の範囲で増減を繰り返していたが，2005年度に10万人を超え，2006年度と2007年度は20万人台に達している。2008年度は減少したものの，20万人をやや下回る旅客数である。航路全体では，1991年度に7万人台であったのが2006〜2008年度の3年間は70万人を超えている。1991年度から15年間におよそ10.8倍という急激な増加である。

　一方，航空の福岡〜釜山線は日本航空，韓国の大韓航空とアシアナ航空が運航していたが，旅客数は減少を続けている。1993年度まで28万人台であったのが1994〜1997年度は20万人台前半に減少し，1998〜2008年度は2000年度を除いて20万人を下回っている。とりわけ2003〜2007年度は10万人台前半にまで落ち込み，2004年度は10万人を下回っている。日本航空は旅客数の減少を受けて，2000年度限りで福岡〜釜山線から撤退している。

　ジェットフォイルは航海速力が約45ノットに達する性能を有しており，博多港と釜山港の間（213km）[7]を3時間前後で運航することができる。端末輸送（出発地から港・空港までと港・空港から到着地までの輸送）及び港・空港での乗船・搭乗手続きに要する時間を考慮すると，福岡〜釜山線の所要時間が40分〜1時間程度である航空との競争は可能と考えられる。2008年度以前の期間は，JR九州高速船がジェットフォイルの運航を開始し，また同航路に参入した未来高速もジェットフォイルを運航したことで航路の利便性が高まり，航空路から航路への旅客の転移を促したといえよう。

(3) 2009年度以降の状況

　2009年度以降は福岡〜釜山線にLCCが参入し，急速に旅客数を増やしている。最初に参入したのは韓国のエアプサンで，2010年3月から運航を開始している[8]。2012年度には10万人を超え，2014年度には20万人台に到達し，

これ以降は博多〜釜山間で旅客数が最多の事業者となっている。

　2015年度に韓国LCCの済州航空が，2016年度に同じく韓国LCCのジンエアーがそれぞれ参入し，LCCの旅客数を押し上げている。LCCの旅客数は2015年度に50万人を超え，2018年度は90万人弱に達している。これは同年度の航路全体の旅客数のおよそ2.5倍である。

　LCCが旅客数を増加させている最大の要因は，当然ながらその安価な運賃にある。2020年3月3日現在の当日大人片道運賃の最安値を比較すると，JR九州高速船の4,000円（博多港出発）に対して，エアプサンが同額の4,000円，済州航空が1,200円（いずれも福岡空港出発）である[9]。

　LCC以外の航空路の旅客数は，2009〜2012年度には20万人台に回復したものの，アシアナ航空が撤退し大韓航空のみの運航となった2013年度以降は，再び20万人を下回るようになった。ただし10万人台後半で推移しており，2003〜2007年度ほどには減少していない。

　一方，2007年度に80万人を超えた航路全体の旅客数は，年度により増減はあるものの以後減少する傾向にある。2014年度以降は50万人を下回っており，2017年度以降は30万人台後半にまで落ち込んでいる。2018年度は2007年度の42.4%にまで減少したことになる。

　このように航路全体の旅客数が減少したのは，ジェットフォイルが航空機と競合関係に置かれたからである。JR九州高速船の旅客数は2009年度に20万人台に減少し，2013年度以降はおおむね18万人台となっている。他社ジェットフォイルの減少傾向はさらに大きく，2009年度に20万人を下回り，2016年度には10万人を下回っている。2018年度は1,000人未満にまで減少している。JR九州高速船はLCCの参入により博多〜釜山航路の旅客数が減少した2009年度以降，複数の年度において営業損失を計上している[10]。

　一方，フェリーには大きな減少傾向は見られない。2009年度にやや減少して17万人台となったが，以後は2014年度を除いて17万人以上を維持している。フェリーは釜山発の便が夜行であること[11]，また航空，とりわけLCCよりも旅客が手荷物を持ち込む際の制約が小さい。こうしたサービスもあって旅客は他の輸送機関に転移しにくいのであろう。

3 輸送機関と需要の動向

　図表10-5は福岡〜釜山間の旅客数のシェアを示している。1991年度は航空路が80.0%と高い比率を占めていたが，1998年度は航路の合計が53.7%でシェアが逆転し，2003〜2008年度の期間は航路のシェアが80%台に達している。しかし2009年度以降はLCCのシェアが拡大傾向となり，2013年度に20%台に，2015年度には40%台に拡大している。2014年度にはLCC以外の航空路も合わせると50.9%になり，再び航路とシェアを逆転させた。2018年度のLCCのシェアは63.0%に達し，ジェットフォイル・フェリー・LCC以外の航空路は，いずれも12%台となっている。

　これまで述べた福岡〜釜山間の輸送機関と需要の動向は，**図表10-6**から**図表10-8**までのように示すことができる。いずれもジェットフォイルを中心に据えて，縦軸に運賃，横軸に所要時間を示している。ただし**図表10-8**のみ，縦軸は居住性を示している。図中の白矢印は需要の転移，黒矢印は船

図表10-5　福岡〜釜山間の旅客数のシェア

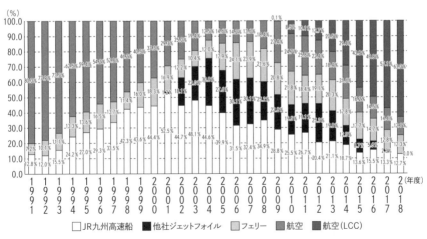

注1：各年度は4月〜3月である。
　2：他社ジェットフォイルの2011〜2013年度の数値には，大亜高速海運が運航する高速船の実績を含む。
　3：航空はスターフライヤーの旅客数（不定期便）を含まない。
出所：JR九州高速船提供資料より作成。

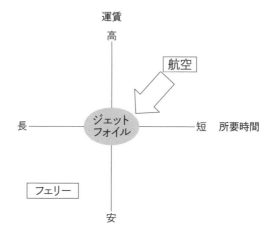

図表10-6 福岡〜釜山間の輸送機関と需要の動向（1991年度〜2008年度）

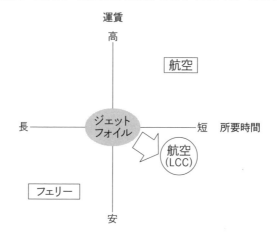

図表10-7 福岡〜釜山間の輸送機関と需要の動向（2009年度〜2019年度）

種の変更を示している。

　1991年度からJR九州高速船が運航を開始したジェットフォイルは，航空より所要時間では劣るものの運賃は安いことから，航空の需要を取り込むことに成功した（**図表10-6**）。しかし2009年度に運賃がジェットフォイルと同程度かやや安いLCCが参入したことで，今度はLCCがジェットフォイルから需要を取り込むことに成功したのである（**図表10-7**）。

図表10-8 福岡～釜山間の輸送機関と需要の動向（2020年度以降）

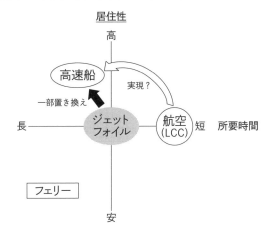

　これに対して，JR九州高速船はジェットフォイルの一部を置き換える形で2020年度に高速船を導入する。運賃にも所要時間にも優位性がないジェットフォイルではLCCに対抗できないからである。詳細は後述するが，**図表10-8**に示されるように，所要時間を競う従来の方針から転換し，居住性の高い高速船の就航によって乗客を増やしてLCCから需要を取り戻そうというのである。

　福岡～釜山間の輸送機関別シェアは大きく変動しているが，先の**図表10-4**からも明らかなように，全旅客数は1991年度の36万人から2018年度には143万人とおよそ4倍に増加している。博多～釜山航路にJR九州高速船がジェットフォイルの運航を開始したことが交通事業者間の競争を促進し，福岡～釜山間の旅客数を押し上げたといってよい。

4　外航旅客航路の可能性と課題

(1)　外航旅客航路活性化の条件

　前節における考察から，外航旅客航路が活性化するには，航路距離が短く，

ジェットフォイルもしくは高速船を用いた高速輸送により所要時間を短縮し，旅客に手軽な海外旅行を提供することが必要である。福岡～釜山間の全旅客数が大きく伸びた最大の要因は，JR九州高速船がジェットフォイルの運航を開始して需要を顕在化させたからである。このように需要が顕在化しなければ，LCCは福岡～釜山線に参入しなかったであろう。

　第1節で触れたが，対馬～釜山航路は博多～釜山航路を上回る旅客数となっている。対馬島の南部に厳原港，北部に比田勝港があり，後者は韓国に近い。比田勝港から釜山港までの航続距離は76 kmであり，所要時間はJR九州高速船が運航するジェットフォイルで1時間10分である[12]。対馬～釜山航路には競合する定期航空路線は存在しないが，2018年度時点で6つの航路事業者がジェットフォイルもしくは高速船を就航させている。JR九州高速船以外はすべて韓国の事業者である。

　2001～2010年度，同航路を運航していたのは大亜高速海運のみで[13]，旅客数は15万人未満で推移していたが，2011年10月にJR九州高速船と未来高速が参入した結果，2012年度は旅客数の合計が30万人を超えた。その後も旅客数の合計は増加し続け，2016年度は58万人となった。さらに，韓日高速海運・スターライン・対伸が相次いで参入した2017年度には74万人と大きく増加し，2018年度は90万人に迫る旅客数である。大亜高速海運が同航路に高速船を就航させて，韓国から手軽な海外旅行先として対馬への需要を誘発したこと，また，多くの航路事業者が参入して競争が促されたことで，旅客数を押し上げたといえよう。

　ジェットフォイルや高速船を用いれば，博多～釜山航路のような運航距離が200km程度の航路であれば所要時間が3時間台となる。航空との競合の可能性はあるが，航路の開設は検討に値する。対馬～釜山航路のように運航距離が100km以下の航路であれば所要時間が1時間台となるので，航路の開設により需要を顕在化させることは可能であると考えられる。これらの条件に合致する航路としては稚内～コルサコフ航路（運航距離159km）がある[14]。また直線距離ではあるが，長崎県の五島列島～韓国の済州島間，沖縄県の八重山諸島～台湾の基隆間が条件に合致する。

(2) ビジネス化の課題

　外航旅客航路をビジネスとして維持するには３つの大きな課題が存在する。第一は，国際ビジネス全般にも該当するが，航路の旅客数は，それが発着する諸外国の社会的・制度的・政治的要因に大きく影響されることである。昨今の日本と韓国との外交関係の悪化は，博多〜釜山航路と対馬〜釜山航路の旅客数を大幅に減少させている[15]。また，自国人の出国と外国人の入国を厳格に規制している場合や，治安が悪化している場合には，外航旅客航路をビジネスとして維持することは極めて困難である。

　第二は，航路の旅客数が経済不況・疫病・自然災害によっても大きく減少することである。**図表10-4**の福岡〜釜山間全体の旅客数を見ると，いわゆるリーマンショックの起きた2008年度や新型インフルエンザが流行した2009年度は，2007年度よりも少なかった。東日本大震災直後の2011年度も，2010年度との比較では減少している。昨今の新型コロナウイルスの流行が及ぼす影響も大いに懸念されるところである[16]。

　第三は，前節における考察からも明らかなように，旅客航路事業は参入と退出が比較的容易であり[17]，また博多〜釜山航路の事例のように，LCCを含む航空事業者の参入の可能性もあって，競争が避けられないことである。

　交通事業者間の競争は，交通市場の活性化をもたらす側面では望ましいものである。航路事業者が他の航路事業者や航空事業者との競争に対処するには，他の事業者とは異なるサービスを供給することが重要となる。とはいえ，交通ビジネスはヒトやモノを運ぶという単純なサービスであり，運賃や所要時間の競争に陥りがちである。事業者の置かれたビジネス環境は厳しい。

　旅客輸送の場合には，競争相手にはない付帯的なサービスを旅客に供給することで競争に対処することが可能になる。博多〜釜山航路のフェリーが釜山発の夜行便で，持込み手荷物の制限がLCCより緩いことが旅客には一定のサービスとなっていることは先述した。実際，フェリーの旅客数はLCCが参入した2009年度以降も安定的に推移しており，同サービスで一定の旅客を獲得しているようである[18]。

　先にも触れたが，JR九州高速船はLCCの参入による旅客数の減少に対処

するため，2020年7月に高速船を博多〜釜山航路に導入し，3隻保有しているジェットフォイルの1隻を置き換える予定である。高速船の航海速力は約36.5ノットでジェットフォイルよりもやや遅く，所要時間は3時間40分と現行よりも長くなるものの，航行時の船体の安定性が向上するので，船内の設備を充実させて居住性を高めることが可能となる。これによってJR九州高速船は旅客数の増加につなげたい考えである[19]。

おわりに

外航旅客航路は上記のような外的要因や事業者間競争による旅客数の変動を回避できないという，ビジネスとしては困難な側面を有する。とはいえ，外航旅客航路の就航によって近隣諸国の国境に近い地域が手軽な海外旅行先として認識され，事業者間競争により市場が活性化して旅客数が増加することは，日本と近隣諸国との人的交流が活発になることを意味する。

外航旅客航路を「ノンパワー・セキュリティ（武器なき平和）の根幹」であると定義し，その存廃は近隣諸国との友好関係という「安全保障に直結する重要事項」との主張[20]に見られるように，外航旅客航路の維持・発展には社会的な意義が認められることにも留意する必要があろう。

注

1 国土交通省総合政策局情報政策本部，平成29年版，106-109頁及び同省海事局，2018年版，114頁。
2 本章では，日本発着の外航旅客定期航路と外航旅客不定期航路を外航旅客航路と総称する。日本発着の外航クルーズについては，交通需要とビジネス形態が旅客定期航路や不定期航路と大きく異なるため本章では考察の対象としないが，2018年の外航クルーズの旅客数は18万人（国土交通省海事局，2019年版）である。
3 ジェットフォイルとは船底の水中翼で船体を海面上に持ち上げて航行する水中翼船の1つであり，ボーイング社が開発，航海速力は約45ノット（83km/h）に達する（JR九州高速船ホームページ（https://www.jrbeetle.com/about/feature/)）。なお，国土交通省によれば，高速船とは航海速力が22ノット以上の船舶を指す。
4 九州旅客鉄道編［2002］，427頁。
5 九州旅客鉄道（JR九州）は2005年10月に船舶事業をJR九州高速船に分社化しているが（https://www.jrbeetle.com/company/)，本章では，分社化以前の運航事業者もJR九州

高速船と記述している。

6　JR九州高速船［2017］，263頁。

7　JR九州高速船ホームページ（https://www.jrbeetle.com/about/route/）。

8　エアプサン（株）ホームページ（https://jp.airbusan.com/content/common/introduction/history）。

9　JR九州高速船・エアプサン（株）・（株）済州航空各社のホームページ（https://www.jrbeetle.com/b2c/ja/home/availability/FUK/PUS/20200303/NR/1/0/0/0/JPY/False/0，https://jp.airbusan.com/web/individual/booking/flightsAvail，https://www.jejuair.net/jejuair/jp/com/jeju/ibe/availInit.do）を参照。ただし，エアプサンと済州航空は無料受託手荷物無しの運賃である。

10　JR九州高速船提供資料。

11　カメリアライン（株）ホームページ（https://www.camellia-line.co.jp/dia/）。

12　JR九州高速船ホームページ（https://www.jrbeetle.com/about/route/）。

13　JR九州高速船は1991年8月より不定期運航（博多～釜山航路の途中寄港）を運行していた（JR九州高速船［2017］，263頁）。

14　運航距離は『フェリー・旅客船ガイド』2015年秋季号，478頁。ただし同航路は冬季に流氷が発生するので，砕氷船がなければ通年の運航は不可能である。竹田［2004］，159頁も参照されたい。

15　対馬～釜山航路の2019年11月の旅客数は9,890人で，前年同月の7万5,589人から86.9%減少している。同様に下関～釜山航路は69.1%，博多～釜山航路は63.0%減少したという（JR九州高速船提供資料及び『聯合ニュース』2019年12月4日）。

16　新型コロナウイルスの影響を受けて，2020年3月の外航旅客航路の運航取り止めが相次いでいる。JR九州高速船は3月9日～31日の博多～釜山航路と対馬～釜山航路の全便運休を，エアプサンは3月9日～28日の日本発着の全便の運休を決定した。

17　航路事業は一般に港や通路（水路）を保有していないので，参入時の固定費の割合が小さく，航路設定の自由度が高い。仮に航路事業を廃止しても，船舶の売却で購入費の一定割合の回収が可能であり，退出時の埋没費用（回収不可能な費用）も小さい。これは航空事業にも該当する。

18　フェリーの2009年度以降の旅客数は1990年代よりも増加しているが，ジェットフォイルの就航による需要の開拓とLCCの参入による市場の活性化がフェリーの旅客数に一定の影響を及ぼしたといえよう。

19　JR九州高速船企画部の聞き取り調査（2020年2月13日）及び同社ホームページ（https://www.jrbeetle.com/queenbeetle/about/）による。小川［2019a, 2019b］も参照されたい。

20　岩下・井澗［2016］，48頁。

引用・参考文献

岩下明裕・井澗裕［2016］「国境観光への誘い」井澗裕編『稚内・北航路——サハリンへのゲートウェイ（ブックレット・ボーダーズ No. 3）』国境地域研究センター。

小川仁［2019a］「日韓航路の新時代に向けて——BEETLE（ビートル）のあゆみと新型高速船'QUEEN BEETLE（クイーンビートル）'の導入について」『JR gazette』77巻2号。

小川仁［2019b］「日韓航路の新時代——'BEETLE（ビートル）'のあゆみと新型高速船'QUEEN BEETLE（クイーンビートル）'の導入」『JREA』62巻8号。

九州旅客鉄道（株）船舶事業部編［2002］『ビートル物語——ゼロから出発した世界一の国際航

路』同事業部。

国土交通省海事局『海事レポート』各年版。

国土交通省総合政策局情報政策本部監修『交通経済統計要覧』各年版，運輸総合研究所。

JR九州高速船（株）［2017］「船舶事業」九州旅客鉄道（株）編『JR九州30年史　1987-2017』同社。

竹田純一［2004］「宗谷海峡を横断！―活気付く稚内～サハリン国際定期航路」『世界の艦船』629号。

第**11**章

インバウンド消費と観光産業

はじめに

　UNWTO（UN World Tourism Organization：国連世界観光機関）によれば、世界の国際観光客到着者数は2019年時点で15億人に達し、2020年は対前年比４％増加の見込みである。特に中間層が増大して海外旅行に対する規制緩和が進んだアジアの新興国・地域においては、LCC（格安航空会社）の参入、クルーズの普及、オンライン予約による低価格旅行ビジネスモデルの開発等も相俟って、海外旅行が身近なものとなっている。

　国際観光におけるアジア地域の台頭は、国際観光交流を活性化すると同時に外国人観光客に対する国際間の誘致競争を激しいものにしている。発展途上国においては、外国人観光客の誘致が外貨獲得の重要な手段として機能しているからである。日本においても、日清戦争後の財政支出増で戦時国債の発行が急増した時期の最大の関心事は、外貨の獲得であった。

　今や人口減で内需の縮小する先進国においても、外国人観光客の消費は、

域外需要を獲得する「見えざる輸出」として国際収支を改善するにとどまらない。帰国後の消費による輸出や越境EC（Electric Commerce：電子商取引）を喚起することで，経済成長に寄与し地方経済に活力を生み出す手段としても期待されているのである。

　本章では，観光を歴史・経済・文化等多方面から掘り下げて解説し，年間3,000万人を超えるまでに増大した訪日外国人観光客を分析対象に，その消費市場としての実態と日本経済・社会への影響を考察する。

1　世界の国際観光

　UNWTOによると，世界の国際観光客到着者数の長期予測値は2030年時点で年間18億人へと拡大し，2010年以降の年間成長率が3.3％増となっている。これをアジア太平洋地域に限って見ると，2030年までの成長は年率4.9％増で，2010年の2億400万人が2020年に3億5,500万人，2030年には5億3,500万人となる。特に2010年から2020年までの平均伸び率は5.7％増加となり，世界の平均値を大きく上回っている。

　旅行人口の増加は，経済成長と密接な関係がある。**図表11-1**は世界のGDPの伸び率と海外旅行者数の伸び率を対比したものであるが，海外旅行者数の伸び率は，GDPの成長率が高い新興国・途上国の動きと連動していることが読み取れる。今後も高い経済成長が予想される東南アジア諸国からの海外旅行者の増加が期待される。

　石森秀三は，『観光の二〇世紀』の中で，第四次観光革命がアジアで生じると予測している。すなわち，第一次（1860年代）はヨーロッパの富裕階級，第二次（1910年代）はアメリカの中産階級による外国観光旅行ブーム，第三次（1960年代）は先進諸国によるマス・ツーリズム時代であり，2010年代にNIEs（新興工業経済群）と東南アジアの高度経済成長が実現されるならば，アジアにおいても観光革命が生じるとする[1]。実際，UNWTOによると，アジア太平洋エリアの世界観光市場におけるシェア（2018年）は24.8％で，2000年の16.4％から大きく伸びているのである。

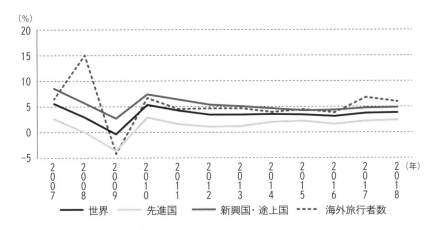

図表11-1 世界のGDPと海外旅行者数（到着ベース）の伸び率の推移

出所：IMF, World Economic Outlook, 2008-2019, UNWTO, Tourism Highlights, 2008-2019より作成。

　訪日外国人の増加を裏付ける，みずほ総合研究所の要因分析結果によると，2015年の訪日中国人観光客の増加の最大要因は「ビザ緩和」で，為替変動の影響は比較的少なく，二国間の政治的関係による影響が大きいという結果となっている。一方で，台湾・香港・韓国といったNIEsでは「為替」，タイ等の東南アジア諸国では「所得」が主要因となっている[2]。

　内閣府政策統括官によると，訪日外国人観光客数の増加要因には居住国の経済成長や円安もあるが，これまで最も大きく寄与したのはビザ免除措置とLCCの就航便数の増加であるという[3]。

　2013年7月にタイ・マレーシアに対するビザ免除措置が採られたが，両国からの年間観光客数をビザ免除前と比較すると，タイからは76％の増，マレーシアからは57％の増加が見られる。LCCに関して見ると，日本の国際線旅客数に占めるLCC旅客数のシェアは21.7％となっており，2010年の2.2％から大きく増加している[4]。今後のアジアの経済発展に加え，ビザ緩和のような制度の改善とLCCのような装置の発展によって更なる拡大が予想される。

2　日本のインバウンドの状況

　インバウンド（Inbound）とは，外国人の訪問旅行を指す。日本へのインバウンドは「訪日外国人旅行」，略して「訪日旅行」である。これに対し，自国から外国へ出かける旅行をアウトバウンド（Outbound），または海外旅行という。外国人旅行者が日本を訪れることで様々な消費が生まれ，経済への波及が期待されるため，多くの地域では外国人旅行者の誘致に取り組んでいるが，その対象となる国・地域がマーケットとなる。

　訪日外国人旅行者数は，1,000万人を突破した2013年以降，右肩上がりに増加している。「観光立国元年」の2003年1月に小泉首相は施政方針演説で「2010年までに訪日外国人観光客数を1,000万人に増やす」ことを目標に掲げた。2003年から訪日外国人観光客を市場別に見ると，アジア，特に東アジアのシェアが大きく（**図表11-2**），2003年の57.1％から2019年には70.1％に達し，東南アジア＋インドの12.6％を合わせると82.7％となる。一方，欧米豪の割合は相対的に低下している。

図表11-2　**訪日外国人観光客の市場別シェア**

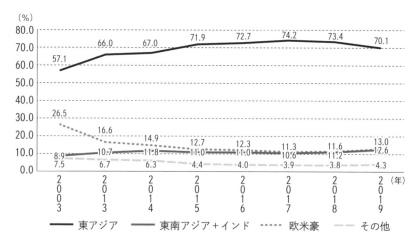

注：2019年は推計値。
出所：JNTO「月別・年別統計データ（訪日外国人）」より作成。

2019年は東アジアのシェアが低下しているが，これには，7月以降の日韓関係の悪化による日韓間の交通手段の減便・運休や訪日旅行を控える動きが大きく影響している。しかし，このような環境下でも訪日外国人観光客総数が増加したのは，韓国市場を除く東アジアの3市場が過去最高を記録したこと，東南アジアの主要市場においてLCCの新規就航や増便等により航空座席供給量が増加したこと，ラグビー・ワールドカップ2019日本大会の開催を契機に訪日需要が高まった欧米豪市場からの旅行者が増加したことが全体の伸びにつながったからである。

訪日外国人観光客が最も多い国・地域は，2013年までは韓国，2014年は台湾であったが，2015年以降は中国が首位となっている。2018年の訪日外国人観光客数は，前年比8.7%増の3,119万人で，初めて3,000万人の大台を達成

図表11-3　訪日外国人観光客数の国・地域別シェア（2018年）

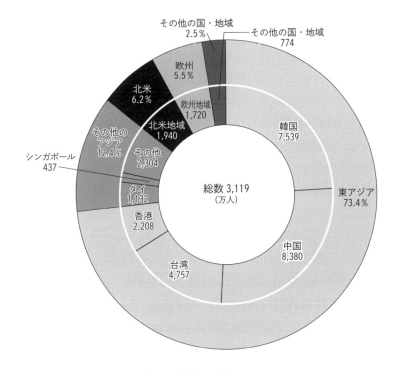

出所：JNTO「月別・年別統計データ（訪日外国人）」より作成。

したが，全体の73％を東アジアが占めた。アジア全体では86％を占めたことになる（**図表11-3**）。東南アジアではタイが113万人となり，東南アジア市場で初めて100万人を突破した。後述するように，滞在日数が長いといわれる欧米豪の観光客も前年より37万人増えて全体の11.6％（17年は11.3％）を占めた結果，東アジア以外の市場も着実な伸びを示すことになった。

3 インバウンド市場とインバウンド消費の動向

(1) インバウンド市場

　インバウンド市場とは，日本を旅行先として選ぶ，またはその可能性のある国・地域，あるいはその企業や団体を指し，広くは訪日外国人旅行者の消費から派生するマーケットをも含む。

　JNTO（Japan National Tourist Organization：独立行政法人国際観光振興機構，通称日本政府観光局）は，インバウンドの重点20市場（アジア11ヵ国・地域：韓国・中国・台湾・香港・フィリピン・ベトナム・タイ・マレーシア・シンガポール・インドネシア・インドと欧米豪9ヵ国：オーストラリア・カナダ・米国・ロシア・ドイツ・フランス・英国・イタリア・スペイン）を設定し，市場別プロモーションを行っている。2019年には，インバウンドの伸びが期待されるオランダ・スイス・メキシコ・ニュージーランドの4市場と中東地域を「準重点市場」と定め，訪日プロモーションの取り組みを拡大している。

(2) 内外旅行消費額

　国内における日本人と訪日外国人による旅行消費額（1人当たり旅行支出額×旅行者数）は約26兆円（2018年）である。その内訳を見ると，日本人の国内宿泊旅行が15.8兆円で全体の61％を占め，次いで日本人の国内日帰り旅行が4.7兆円（18％），訪日外国人の旅行が4.5兆円（17％），日本人の海外旅行の国内消費分が1.1兆円（4％）となっている（**図表11-4**）。

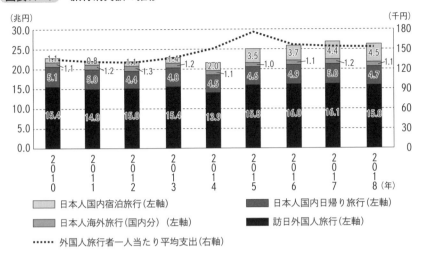

（兆円）　　　　　　　　　　　　　　　　　　　　　　　　　　　　　（千円）

出所：観光庁「旅行・観光消費動向調査」，「訪日外国人消費動向調査」より作成。

凡例：
- 日本人国内宿泊旅行（左軸）
- 日本人国内日帰り旅行（左軸）
- 日本人海外旅行（国内分）（左軸）
- 訪日外国人旅行（左軸）
- 外国人旅行者一人当たり平均支出（右軸）

　日本人の国内宿泊旅行と日帰り旅行の旅行消費額が全体の8割を占め，市場の規模の大きさが窺えるが，伸び率では訪日外国人旅行が大きい。日本人の国内宿泊旅行は，2010年から2018年までの間，0.2％の増加にとどまっているのに対し，訪日外国人の旅行は4倍以上の伸びとなっている。

　国際収支における旅行収支（貿易・サービス収支の一部で，訪日外国人の日本での消費（収入）から日本人旅行者の海外での消費（支出）を引いたもの）は，比較可能な1996年以降赤字が続いていたが，外国人旅行客の増加を背景に2015年に黒字に転化して以降，一貫して前年比プラスを維持し，2019年には2.6兆円の黒字となった。

(3)　インバウンド消費の動向

　UNWTOによると，訪日外国人観光客数（2018年）は世界で10番目，国際観光収入は9番目である。1人当たりの旅行消費額においては，世界では26番目であるが，国際観光客到着客数が1,000万人以上の国・地域の中では6番目，3,000万人以上では米国・マカオ・タイ・英国に次いで5番目と，他の国・地域，特に世界の外国人旅行者が最も多いフランス・スペインと比

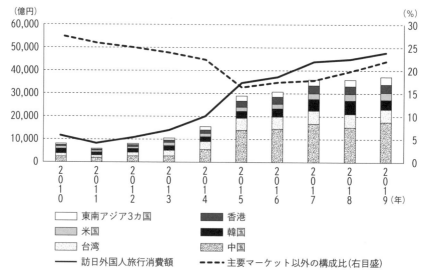

図表11-5　国・地域別旅行消費額の推移

注1：東南アジア3ヵ国はタイ，シンガポール，マレーシアを指す。
　2：2019年は速報値。
　3：2018年から一般客とクルーズ客の消費を分けて算出する等調査方法が変更されたため2017年までの数値との
　　　比較には留意が必要である。
出所：観光庁「訪日外国人消費動向」より作成。

べても多い水準である[5]。

　訪日外国人旅行消費額は，2010年に約1兆円だったのが2019年には約5兆
円へと大きく増加した。前年を下回ったのは東日本大震災の影響のあった
2011年のみで，これまで増加傾向にある。最近では，訪日観光客数が多い韓
国市場が日韓情勢による韓国路線の減便や運休の影響で2018年秋以降減速し
たが，全体としては緩やかな伸びとなっている。

　2019年の訪日外国人旅行消費額を国籍・地域別で見ると，主要マーケット
が全体の約78％（2010年は72％）を占めている（**図表11-5**）。特徴の1つは，
中国が全体の約36％で最も多く，2010年の約22％から大きく増加しているこ
とである。もう1つは，2010年以降の主要マーケット以外の国の旅行消費額
に占める構成比が中国・韓国・台湾の伸びによって相対的に小さくなってい
たが，2015年を境に増え始め，2019年には22.1％にまで成長したことである。

　これには訪日旅行のマーケットが多様化してきたこと，2015年の流行語に

も現れた中国人旅行者の爆買いが，越境EC等の中国国内での購入チャネルの増加，中国政府の輸入品への新たな税率の適用や輸入品検査の強化等によって2016年以降減少したことが影響している。さらに2019年９月20日〜11月２日に日本で開催された第９回ラグビー・ワールドカップの出場国からの訪日外国人総数が９月〜10月で前年同期より約17万人増（29％の伸び）を記録したことも大きい。実際，これまでインバウンドの主要マーケットでなかったアイルランド・サモア・南アフリカ・ナミビア等からも多くの観戦客・旅行客が来訪しているのである。

⑷　インバウンド客の旅行支出

　訪日外国人旅行消費額は，インバウンド客による消費額の合計であるが，インバウンド客が日本滞在中に宿泊・飲食・交通・買物等に支出した額にパッケージツアー参加費の国内収入分とクルーズ客の旅行消費額を合計して算出される。

　図表11-6 は，主な国・地域の訪日外国人観光客の旅行支出額を１人１泊当たりに換算し表したものである。観光客が最も多い中国人観光客の１泊当たりの消費額が比較的多く，次いで香港・シンガポールの順となっている。イギリスとオーストラリアを除いて欧米諸国の支出はそれほど多くない。

　2019年の全国籍・地域の１人１泊当たりの平均額は1.8万円程度で，2018年と比べて約3,000円減少している。これは１人当たりの平均旅行支出が2018年の15.3万円から2019年に15.8万円と3.5％増加したものの，平均泊数が9.0泊から8.8泊に微減したことが影響している。

　１人１泊当たりの平均旅行支出額はおおむね1.4万円から2.9万円であるが，欧米豪からの旅行者の１人当たり平均旅行支出総額は旅行日数が比較的長いため多くなる。観光行動のパターンには，ピストン型（居住地から１ヵ所の目的地までとの往復），タンバリン型（複数の目的地を周遊）等がある。

　居住地から目的地までの移動距離が長くなればなるほど現地での周遊範囲が広くなり，滞在時間が長くなるという傾向がある。これをスプーン型と呼ぶ場合もある。つまり，一般的な形状として，スプーンの柄尻からつぼまでの距離が長いほどつぼの面積が広くなる。柄尻を居住地，つぼを観光目的地

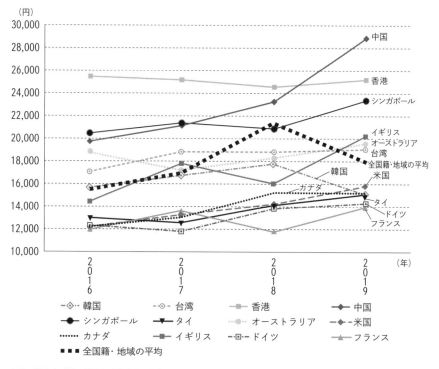

図表11-6 主要国の旅行者1人1泊当たりの平均旅行支出額の推移

（円）

出所：観光庁「訪日外国人消費動向調査」より作成。

に例えると，居住地からの移動距離と観光目的地での周遊範囲が比例すると
いうことになる。

　実際，九州観光推進機構がビッグデータを活用した「九州への訪日外国人
旅行者に関する動態調査」の結果を見ると，九州エリア内での滞在日数は全
体平均で3.8日，うち欧米豪各国からの観光客はアジア各国と比べて九州エ
リア内での滞在日数が多い傾向があり，韓国は，特に他国と比べて滞在日数
が少ない[6]。韓国人観光客が多い九州の旅行消費全体額は全国の平均と比べ
て少なくなるのは当然の結果である（**図表11-7**）。

　今後，インターネットの通信販売サイトを通じて行う国際的なEC市場が
活性化し，観光地での買物は減ると思われるが，現地でしか体験できないも
の（コト消費）等，多様な観光コンテンツの提供による滞在時間の増加が消

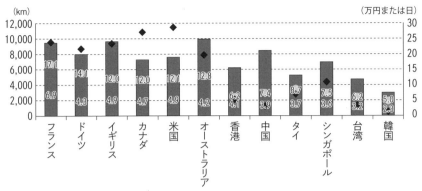

図表11-7　福岡～各国首都間の距離と滞在日数との関係

注：九州での平均泊数は九州観光推進機構の2017年10月～2018年9月のデータ，日本での平均泊数及び1人当たり
　　旅行支出額は観光庁の調査結果（速報）を用いた。
出所：九州観光推進機構［2019］及び観光庁「訪日外国人消費動向調査」より作成。

費額の増加の重要なカギとなる。

4　観光産業とインバウンドビジネス

(1)　観光産業とは

　観光産業（正確には観光関連産業）とは，人々の観光行動に対応した財や
サービスを提供する企業・業種の集まりのことで，宿泊業・旅行業・交通運
輸業・MICE[7]業・観光土産品業・観光施設業等が含まれる。観光産業は，
すそ野の広い地域総体産業ともいわれるが，観光客層や観光ニーズの多様
化・細分化等の環境の変化に伴って，関連産業が第一次産業から第三次産業
にまで拡大し，関連の度合いも深化することになる。
　日本の観光は，戦後の高度経済成長を背景に国民の可処分所得と余暇時間
の増加，さらに高速道路の建設や新幹線の整備等，観光の基盤である交通が
発達したことで飛躍的に伸びた。観光旅行は日常生活圏を離れて行う行動で
あるので，移動のための交通手段を利用し，日常生活圏外の目的地で泊まっ

たり，食事をしたり，お土産等を購入する消費活動を行う。

　観光旅行も消費活動の一部であるが，消費においては可処分所得の変化に作用されるところが大きく，レクリエーション相対価格の変化も各種レクリエーションのなかからどれを選ぶかという選択面に影響を与える。

　また，余暇時間の中で行われる観光旅行は，まとまった時間を必要とするため，余暇時間の増減に大きく影響される。つまり，可処分所得（実収入−税・社会保険料等非消費支出）と余暇時間が観光需要と密接に関係しているのである。アジア諸国では，経済の発展に伴って「物質的豊かさ」から「心の豊かさ」を重視する人々が増えている。三次活動[8]の時間が増加し，余暇活動の1つとして海外旅行へのニーズがますます高まるはずである。

(2)　観光がもたらす効果

　観光がもたらす効果は，経済・社会，国際関係等多方面にわたっている。地域や状況によってはマイナスの影響を及ぼすこともあるが，ここでは主な効果と影響について見てみる[9]。

①　経済的効果

　観光という現象が国・地域に注目されたのは，観光客が消費するお金が受入地域社会に税収効果・経済効果をもたらすからである。日本でも明治時代に外国人の観光消費が外貨の獲得につながり，国際収支を改善する効果として「見えざる輸出」と称された。

　観光交流が活発になると，国際収支のみならず国・地域の経済・雇用に効果が期待できる。まず，観光開発や整備による関連施設の建設，交通インフラの改善等，初期投資効果が見込まれる。観光地としての整備後にはプロモーション，施設の運営等，観光関連事業の経営に関わる効果とそれによる所得効果・雇用効果・租税効果を生む。また，観光は複合産業ともいわれ，地域のあらゆる産業と結びつきが強いため，その効果は地域内の関連産業に波及する。さらには，地域外の産業に対しても原材料・サービスの仕入・支払いが生じ，地域外の関連各産業への波及も見られるのである。

② 教育的効果

　人から何度も聞くよりも一度実際に自分の目で見る方が確かでよくわかるという教えの"百聞は一見に如かず"，交通や宿等のインフラが十分整備されておらず旅が辛く厳しかった時代の"可愛い子には旅をさせよ"等の 諺 があるが，観光旅行によって非日常体験をすることで自分と向き合う時間を持つことができる。

　観光の語源である「觀國之光　利用賓于王」（「易経」）はまさに"他国を旅して見聞を広める"を意味していたのである[10]。いうまでもなく，地域の光となる社会歴史資源に接し，またその地域住民との交流によって得られる知識の習得は，知的好奇心，学習意欲の向上につながるだけではなく，旅行者の人生を豊かにする効果がある。

③ 社会的・文化的効果

　観光には，ホスト・ゲスト間の異文化の伝達・吸収，相互理解あるいは文化交流促進の効果がある。特に国際観光は，国際平和と国際親善に寄与する。観光に関心を持つことによって，受入側と訪れる側との相違に気付き，自分の住む地域の文化や魅力に改めて気付くきっかけにもなる。地域への理解を深め，郷土に対する愛着や誇りが育まれる。また，民芸品や特産品の品質向上と地元産業や伝統芸術の活性化，さらに文化財保護や自然保護にもつながる。

④ 負の影響

　観光は地域や国の経済・社会に対する正の効果だけではなく，負の影響を及ぼすことがある。特に観光需要を狙いとした観光地開発による生態系や自然環境の破壊，観光客増加による自然環境へのダメージや文化財の破損，地元住民の生活環境の悪化や観光客のモラルの欠けた行動による地元住民とのトラブル等が挙げられる。また，地域内で住民間の観光に対する評価の不一致によるコンフリクト（対立・争い）が生じるケースもある。

　最近では訪日外国人観光客・クルーズ客が大きく増加しているが，受け入れのキャパシティを超えてしまうと，宿泊施設の不足による宿泊料金の高騰

や交通渋滞が生じ，住民の暮らしに悪い影響を与えることになる。また，宿泊施設の不足を補う民泊が急成長しているが，宿泊客が外国人の場合には，部屋の利用をめぐって，生活習慣の違いに起因する地元住民とのトラブルも報告されている[11]。

(3) インバウンドビジネス

① 主要マーケット

　世界観光の需要が本格的に拡大し始めたのは1990年代に入ってからである。世界経済がグローバリゼーションの時代を迎え，国際貿易が活発に行われ，国境を超える人の移動が盛んになった。これを中心的に担ったのがアジアである。アジアでは経済成長に伴って韓国・台湾・香港・シンガポールのNIEsが新しい海外旅行の送出市場として登場し，1989年の国際観光到着者数は1980年の1.5倍に増加した。

　アジアの国・地域の中で海外旅行が初めて自由化されたのは日本で，1964年のことである。台湾では，1976年に商用での海外渡航が，1979年に海外観光旅行が自由化された。以降，制限緩和が実施され，特に1987年末の中国本土への親族訪問許可を皮切りに本格的な外国旅行時代が始まった。その後，韓国では1989年に外国旅行完全自由化が実施され，1990年代の拡大の基盤となった。

　中国では，1983年に香港，1984年にマカオへの親族訪問旅行が許可され，1990年にはシンガポール・タイ・マレーシア，1992年にはフィリピンへの旅行が解禁された。当時は，親族訪問を目的とする旅行のみが許可されていたが，1997年7月には法整備が図られ，これらの地域への団体旅行が正式に解禁され，私用旅行者が大きく伸び始めた。

　訪日旅行の3大マーケットである韓国・中国・台湾の他にもアジアには高い経済成長率を記録しているタイ・インドのような新興工業国があるが，これらの国では平均的に1人当たりの所得が上昇しており，国際観光需要の拡大につながることが期待されている。UNWTOによると，2010年から2030年の間，新興国・地域における目的地到着数（年4.4％の増）は，先進国・地域における目的地到着数（年2.2％の増）の2倍の速さで増加すると予測

し，1980年の30％から2015年には45％に拡大した新興国・地域のシェアは，2030年には57％まで伸び，国際観光客到着数は10億人を超えると予測している[12]。

② インバウンド観光のトレンドの変化

　世界的な国際観光の成長に伴うインバウンドの拡大は，量的・質的の両面において大きな変化をもたらしている。量的面では，LCCの発達とそれに伴う旅行費用の低廉化，査証緩和によるものが大きい。さらに，ホテルや航空券オンライン予約機能の普及，Airbnb（エアービーアンドビー）のような民泊プラットフォームを展開する企業の増加が挙げられる。

　質的面では，デジタル化の急速な進展が観光客の行動に大きな変化をもたらしていることである。スマートフォン等によるインターネットの活用により，旅行情報の入手，交通・宿泊施設等の予約から観光経験の共有までが簡単にできるようになっている。今後，このような動きはますます加速すると思われるが，受入側の地域においては観光コンテンツの発信や観光情報のタイムリーな発信を強化する必要がある。また，MaaS（Mobility as a Service：マース）[13]等の技術を活用し，現地での交通利便性の向上を図ることも求められる。

③ ビジネス展開の可能性

　日本人国内延べ宿泊旅行者数は，1990年代に入ってほぼ横ばいが続き，2003年以降は減少基調となっている。高齢化と人口減少による国内旅行市場の長期的な停滞による観光産業の衰退を防ぐためには，交流人口の拡大と地域の観光産業の国際競争力の強化が必要不可欠である。交流人口には日本国内の地域間と国際間があるが，国の政策の後押しもあってインバウンドの伸びが大きい。

　外国人宿泊客の占める割合は，2013年の7.2％から2018年17.5％（約9,428万人泊）へと大きく増加している。三大都市圏（東京・神奈川・千葉・埼玉・愛知・大阪・京都・兵庫の8都府県）の外国人宿泊客数は前年比18.6％増の約5,580万人泊に対し，地方部では17.8％増の約3,850万人泊と，インバ

ウンドの約41％を地方部が占め，地方の活性化にもインバウンドが及ぼす影響は大きくなりつつある[14]。

　このような状況の下，拡大を続けるアジアの巨大観光マーケットの攻略は，観光による経済的効果のみならず社会文化効果も期待できるので，多様な視点からのアプローチが必要である。最近，ガストロノミー・ツーリズム（その土地ならではの食や自然・文化を楽しむ旅），ナイトタイム・エコノミー（夜間を利用したツアーやショー・レクリエーション）等，インバウンドにおけるニッチ戦略が注目されているが，異文化の伝達・吸収，相互理解あるいは文化交流促進等のようなインバウンドの効果と意義に着目すればインバウンドビジネスの幅も広がるはずである。

　また，受入地域のキャパシティを超えるインバウンド客数は，地域との様々なトラブルを引き起こす原因にもなる。量的（観光客数）拡大から観光客の満足度を重視し，滞在時間・消費額の増加へつなげる取り組みが大事である。

おわりに

　観光産業は，国連総会が示す持続可能な開発における３つの分野（経済・社会・環境）や17の持続可能な開発目標を進めていくために必要不可欠な分野である。UNWTOは「すべての目標に対して，観光は直接的，または間接的に貢献する力があり，持続可能な開発目標の達成に向けて，重要な役割を担っていると言える」旨を宣言している[15]。特に包摂的で持続可能な経済成長，持続可能な消費と生産，海洋資源の持続可能な活用に関する目標については観光が明記されている。雇用創出，地方の文化振興・産品販促につながる持続可能な観光業の促進が重要である。

注
1　石森［1996］，14-25頁。
2　みずほ総合研究所［2016］「インバウンド需要の決定要因　円高は中国よりも NIE s 諸国で影響大」，5頁（https://www.mizuhori.co.jp/publication/research/pdf/insight/

jp160219.pdf)。

3 内閣府政策統括官「地域の経済2018」，53-54頁（https://www5.cao.go.jp/j- j/cr/cr18/ chr18youyaku.pdf)。

4 国土交通省［2018］「我が国のLCC旅客数の推移（www.mlit.go.jp/common/001267338. pdf)。

5 UNWTO［2019］，pp. 16-20.

6 九州観光推進機構［2019］，16頁。

7 MICEとは，企業が行う会議（Meeting）や報奨・研修旅行（Incentive Travel），国際機関・団体，学会が行う国際会議（Convention），展示会・見本市，イベント（Exhibition/Event）の頭文字のことであり，多くの集客交流が見込まれるビジネスイベントの総称である。

8 三次活動とは，移動（「通勤・通学」を除く），テレビ・ラジオ・新聞・雑誌，休養・くつろぎ，学習・研究（「学業」以外），趣味・娯楽，スポーツ，ボランティア活動・社会参加活動，交際・つきあい，受診・療養，その他の合計。

9 千［2018］，5 - 7 頁。

10 同上書，2 頁。

11 『西日本新聞』2019年10月20日。

12 UNWTO［2017］，p.14.

13 ICTを活用して交通をクラウド化し，公共交通か否か，またその運営主体にかかわらず，マイカー以外のすべての交通手段によるモビリティ（移動）を 1 つのサービスとしてとらえ，シームレスにつなぐ新たな「移動」の概念である（露木［2018］，2 頁)。

14 観光庁「旅行・観光消費動向調査」各年版
（www.mlit.go.jp/kankocho/news02_000265.html)。

15 日本旅行業協会［2019］，2 頁。

引用・参考文献

IMF, *World Economic Outlook*, 2008-2019.

UNWTO, *Tourism Highlights*, 2008-2019.

石森秀三［1996］「観光革命と二〇世紀」石森秀三編『観光の二〇世紀』ドメス出版。

一般社団法人日本旅行業協会（JATA）［2019］『数字が語る旅行業 2019』。

観光庁「旅行・観光消費動向調査」各年版。

九州観光推進機構［2019］「九州エリアにおける訪日外国人旅行者を対象とした観光マーケティング調査事業結果報告」。

千相哲［2018］「現代の観光と観光学」千相哲編著『九州観光学』晃洋書房。

露木伸宏［2018］「MaaS（モビリティ・アズ・ア・サービス)について」国土交通政策研究所『PRI Review』第69 号。

第 **12** 章

持続可能な発展と環境ビジネス
——北九州市の海外水ビジネスを事例に

はじめに

　2019年，30年間続いた平成という年号が終わった。1989年（平成元年）の
ベルリンの壁崩壊，1991年のソ連崩壊に端を発した東側世界（ソ連・東欧
圏）の大崩壊と，冷戦構造の終焉という世界史上の大事件とともに幕を開
けた時代であった。

　日本社会に転じてみると，平成の30年間は高度成長期を過ぎた衰退期であ
り，多くの社会課題に直面しながら，ほとんどその根本問題に取り組むこと
ができなかった（先送り），という評価がある。とりわけ，吉見俊哉は痛烈
な批判をよせている。「平成という時代の失敗」であり「失敗の博物館」で
ある，と[1]。本当にそうだろうか。

　今から見れば，平成期は世界の冷戦体制の終焉と日本の成長の終焉が重な
った時期であったともいえる。このような世界的な構造転換と日本の社会変
動の時代にあって，グローバルに意識共有が進んだ分野として，環境と開発

をめぐるトピックスがある。

　1984年，国連に設置された「環境と開発に関する世界委員会（World Commission on Environment and Development）」は，後にノルウェー首相となる医師ブルントラント（Brundtland, G.H.）を委員長として，1987年には報告書『地球の未来を守るために（Our Common Future）』を公刊した。ブルントラントらは持続可能な発展（Sustainable Development）[2]を，将来世代が自らのニーズを満たす能力を損なうことなく，現在世代のニーズを満たすような発展，と定義した。

　この議論を受けて，厚生経済学者のダスグプタ（Dasgupta, P.）は，一人ひとりのQOL（Quality of Life）と社会的福祉（Social Well-being）を持続可能な発展モデルに組み込んだ。社会的福祉とは各人のQOLを世代間で足し合わせたものであり，その社会的福祉が，現在から将来にわたる時間経過のどの時点においても減少しないことに注意が向けられる。そのうえで経済発展が持続可能かどうかは，人工資本，人的資本，知識・アイデアのストック，自然資本からなる資本資産と，その効果的かつ安全な活用を可能にする制度（Institution）によって構成される生産的基盤が，将来にわたって減少しないかどうかで決定される[3]。

　これらの理論的深化と並行して，政策的具体化も進められた。2000年，ニューヨークで開催された国連ミレニアム・サミットにおいて，「MDGs（Millennium Development Goals：ミレニアム開発目標）」が採択された。MDGsは，2015年までに達成すべき8つの目標—極度の貧困と飢餓の撲滅，初等教育の完全普及の達成，ジェンダーの平等推進と女性の地位向上，乳幼児死亡率の削減，妊産婦の健康の改善，HIV（エイズ），マラリア，その他の疾病の蔓延の防止，環境の持続可能性確保，開発のためのグローバルなパートナーシップの推進—から成る。

　2015年よりMDGsは，「持続可能な発展のための2030年アジェンダ」に引き継がれ，「SDGs（Sustainable Development Goals：持続可能な発展目標）」として，2030年までに達成すべき17の目標が再設定された。SDGsでは，途上国と先進国とを問わない課題が設定され，国際機関や先進国による資金拠出だけでなく，途上国からの拠出や企業等の民間資金の大幅な活用も

期待されている[4]。

　では，持続可能な発展に日本の経験はどのように貢献できるのか。本章では，北九州市の海外水ビジネスを事例に，ローカルな主体である地方自治体とその信頼の基盤にネットワークする民間企業の国際ビジネスに注目する。

　以下，次の手順で論述する。第1節では，北九州市の海外水ビジネスの事業化の過程（背景と推進主体の形成）を述べる。第2節では，水ビジネスのアジア展開の事例としてカンボジアとベトナムにおける技術導入のプロセスを分析する。第3節では，国際協力の視点から北九州市の海外水ビジネス事業を評価する。最後に，持続可能な発展と環境ビジネスについて，今後の課題と展望をまとめる。なお，筆者の1人の松原は，北九州市水道局総務経営部長として海外水ビジネスの創出に携わった。事例研究にあたっては，その経験も交えながら分析・考察している。

1　北九州市における海外水ビジネスの事業化と推進主体

(1)　「新成長戦略」

　2009年12月，「新成長戦略（基本方針）―輝きのある日本へ」が閣議決定された。「アジア経済戦略」の項目では，新幹線・都市交通，水・エネルギー，環境共生型都市の開発支援等の具体的な内容が書き込まれ，「環境やインフラ分野等で固有の強みを結集し，総合的かつ戦略的にアジア地域でビジネスを展開する必要がある」とされた[5]。

　北九州市上下水道局[6]では，水・エネルギー分野の国際ビジネスに素早く対応していた。2011年3月に日本の自治体としては初めて，同水道局は，カンボジア・シェムリアップ市の浄水場建設基本設計補完事業をJICA（Japan International Cooperation Agency：独立行政法人国際協力機構）より受注（（株）浜銀総合研究所との共同受注）した。

　同じ時期，東京都では東京水道サービス（株）がJICAから「草の根技術協力事業」を受注し，大阪市では市・府が大阪・関西の経済界と連携して大

阪水・環境ソリューションが設立され，横浜市でも水道局の100％出資で横浜ウォーター（株）が設立される等，日本の地方自治体の海外水ビジネスが隆盛した[7]。

(2) 海外水ビジネスのデザイン

　北九州市上下水道局は，いかにして世界の水ビジネス市場に切り込み，成果をあげたのか。水道局が武器にしたのは，市が関係性を構築してきた都市とのネットワークである。これらの都市に対して，市が特許を有する省エネルギー型で環境にやさしく，しかも安価な浄水技術を提供するというものであった。

　東京，大阪，横浜のように大きな経営規模を持たない北九州市上下水道局では，限られた貴重な戦力（技術者）を最大限有効に活用するため，営業対象の国と都市を限定し，無駄な営業はしないこととした。そして，対象国に赴任経験のある技術者を集中的に投入し，民間企業も加わった官民連携の主体をゆるやかに形成していった。

　最初はコンサルティング分野での小さなビジネスを摑み取る。次に，その延長線上に，北九州市が保有する技術を売り込み，民間企業と一体になってその施工を獲得する。こうして本格的な水ビジネスへとつなげていく。決してビジネスの正攻法ではないのかもしれないが，地方自治体が世界の水ビジネスを相手に立ち向かうには，このやり方が身の丈に合った，効果的な戦略であった。

(3) 推進主体
―北九州市海外水ビジネス推進協議会と（株）北九州ウォーターサービス

　いかに対象を限定しても，本格的な水ビジネスを仕掛けていくには，上下水道局のみでは太刀打ちできない。民間企業が保持する高い技術力と営業力・ビジネススキルが必要であった。そこで新たな仕掛けを2つ用意した。

　第一に，2010年8月「北九州市海外水ビジネス推進協議会」を設立した。2019年12月時点で民間企業151社が加盟する官民連携組織である。業種は水処理メーカーから，土木建設・金融機関・コンサルタント等の多岐にわたり，

上流から下流までの多様な水ビジネス・ニーズに対応できる体制となっている。2015年10月のベトナム・ハイフォン水道110周年記念事業展示会への出展，2018年12月の日本カンボジア上下水道セミナーの開催等，会員企業のシーズ・ニーズの把握や対象地域への調査団の派遣，セミナー・商談会の開催，展示会への参加等，積極的な活動が行われている。

　第二に，2015年12月に設立，翌2016年4月から事業を開始した「（株）北九州ウォーターサービス（KWS）」である。これは，（財）北九州市上下水道協会を市が出資する外郭団体へと移行させたうえで，国内外の水ビジネス・水事業への効果的な対応と効率的な事業運営の推進を一体的に行うことを目的として，北九州市と（株）安川電機，メタウォーター（株）をはじめ，官民7事業体が共同出資（北九州市54％：民間企業等46％）して設立した第三セクターである。

　KWSは，上下水道施設のO&M（Operation & Maintenance：運転・保守）業務や水道事業の包括事務，海外水ビジネスのコンサルティング業務を手掛けており，2016年7月にはベトナム・ハイフォン市アンズオン浄水場改善計画のコンサルティング業務を共同受注したほか，2017年10月にはベトナム・ホーチミン市における「U-BCF（Upward flow Bio Contact Filtration：上向流式生物接触ろ過設備）」の導入可能性調査を受注した。北九州市上下水道局は，民間企業と協働して第三セクターとして海外水ビジネスに特化した中核組織を設立した。

2　北九州市水ビジネスのアジア展開

(1)　カンボジアの事例

　2011年3月にカンボジア・シェムリアップ市の浄水場建設基本設計保管事業を受注したことは先に述べた。同年12月には北九州市が，シェムリアップ市を含むカンボジア主要9都市における水道基本計画（マスタープラン）策定をカンボジア政府に提案し，鉱工業エネルギー省との間で「主要9都市の

水道基本計画に関する覚書」が締結された。

　図表12-1と図表12-2は，北九州市上下水道局の記者発表資料に基づいて，受注実績をまとめたものである。水道事業のマスタープランの作成は，カンボジアサイドにとっては，開発援助機関に対して支援要請を行うための基本資料づくりであり，援助機関サイドにとってもまた，一定の根拠に基づく要請を受けることになった。マスタープランに基づいて展開される事業では，北九州市の有する水道技術，ノウハウの敷衍（ふえん）が可能となり，北九州市内の企業や連携企業がカンボジア全土でビジネスを仕掛けるチャンスが創出されている。

　例えば，図表12-1の⑤は，2016年4月にカンボジア工業手工芸省からコンサルタント業務（基本設計，実施設計，施工管理，運転指導等）を受注したモンドルキリ州セン・モノロム市上水道の整備事業である。これは，ASEAN（東南アジア諸国連合）支援のために日本政府が拠出したJAIF（Japan-ASEAN Integration Fund：日－ASEAN統合基金）を活用して，モンドルキリ州の州都セン・モノロム市で住民約10,000人に上水供給を行う

図表12-1　カンボジア国内の活動拠点

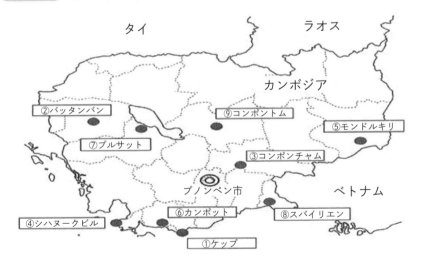

出所：北九州市上下水道局記者発表資料8より作成。

図表12-2　カンボジア主要9都市の受注実績

都市名	着手	実施内容	進捗
①ケップ	2012	移動式浄水場導入（無償資金協力）	完　了 (2014/11/18)
②バッタンバン	2012	上水道施設の整備（無償資金協力）	完　了 (2016/6/30)
③コンポンチャム	2012	上水道施設の整備（無償資金協力）	完　了 (2016/6/30)
④シハヌークビル	2011	排水管網の更新・拡張工事（無償資金協力）	完　了 (2014/6/16)
⑤モンドルキリ	2012	上水道施設の整備（日-ASEAN統合基金）	完　了 (2015/2/25)
⑥カンポット	2013	上水道施設の整備（無償資金協力）	完　了 (2018/8/31)
⑦プルサット	2017	上水道施設の整備（無償資金協力）	調　査　中 (2022/12予定)
⑧スバイリエン	2017	上水道施設の整備（無償資金協力）	調　査　中 (2023/5予定)
⑨コンポントム	2019	上水道拡張事業（事業権付与型無償資金協力）	調　査　中 (2022/1予定)

出所：北九州市上下水道局記者発表資料9より作成。

もので，水源となる湖の水を浄化し，飲料水として供給する浄水設備（供給能力2,000㎥/日）や排水ポンプ，取水ポンプ，電磁流量計等を日本企業が受注した。北九州市上下水道局のこの事業における受注金額は，32万1,300米ドル（約3,855.6万円）である[10]。

(2) ベトナムの事例

2009年4月，ベトナム・ハイフォン市と北九州市は，「日本国北九州市とベトナム社会主義共和国ハイフォン市との友好・協力関係に関する協定書」を締結した。この時点では，水道事業はビジネス展開の対象ではなく，今後の展開を検討すべき両市の友好・協力活動の候補の1つに過ぎないものであった。ただし，この時期ハイフォン市は，世界遺産となるハロン湾のカットバー島の観光開発の推進に向けて水道事業の新展開を企画する一方で，水道原水として用いている河川の生活排水による汚染の深刻化に悩んでいた。

北九州市上下水道局は，2010年から2012年まで，「有機物に対する浄水処

202

理プログラム」（JICA草の根技術協力事業）を実施した。有機物汚染された水道原水への有機物分析体制の構築と水質全般分析体制の確立が課題であり，北九州市が国内特許を有していたU-BCFをはじめとする高度処理技術の実証実験を行った[11]。

　U-BCFは北九州市が独自に開発した技術である。高度成長期，北九州市上下水道局の主要水源である1級河川遠賀川は，市街地から排出される生活排水の影響で，窒素・リン・有機物質で汚濁が進み，オゾン処理や生物接触ろ過法による高度浄水施設が必要とされた。北九州市上下水道局では1987年から検討を開始し，1993〜1996年にU-BCFを開発して有効性を確認した。1997年からは（株）神鋼環境ソリューションと共同で，遠賀川の水質に適応した浄水処理施設の実用化に着手し，ろ過材となる粒状活性炭による微生物の自然浄化作用を利用して，カビ臭物質等の異臭味や黒水の原因となるマンガン・アンモニア性窒素等を効率よく，安全に除去する技術を開発した。

　北九州市上下水道局の試算では，一般の水処理施設と比較して，建設費が約半分，運用コストも20分の1程度に抑えられている。北九州市内では，本城浄水場（14万1,000㎥／日）と穴生浄水場（300万㎥／日）に各々6池と10池を整備しており，U-BCFの処理方式全体に係る国内特許（特許第3831055号）を取得している。

　このU-BCF試験プラントをハイフォン市に設置し，1年間の実証実験を行った結果，アンモニア性窒素が70〜100％削減されたほか，溶存マンガンが60〜70％削減できた。ハイフォン市でも，北九州市と同様の効果を安価なランニングコストで実現でき，この成果をハイフォン市水道公社と共有した。

　これを受けて2013年5月に，ハイフォン市水道公社は，小規模浄水場であるビンバオ浄水場（処理能力 5,000㎥／日）にU-BCFを独自資金で整備する決定をした。北九州市上下水道局が技術アドバイザーに付き，中核技術をU-BCFの共同開発企業である（株）神鋼環境ソリューションのベトナム現地法人（KOBELCO Eco-solution Vietnam）が受注した。（株）神鋼環境ソリューションは北九州市海外水ビジネス推進協議会の会員企業でもある。2013年5月に着工されたビンバオ浄水場のU-BCFは，同年12月に竣工し，ビンバオ地区2万3,000人の地域住民に安全な水道水を供給している。

2018年10月，ハイフォン市水道公社は次のステップとして，市内の大規模浄水場であるアンズオン浄水場（処理能力日量10万㎥）にU-BCFを設置する「アンズオン浄水場改善計画事業」に着手した（**図表12-3**）。JICAの無償資金協力により，山九（株）と（株）神鋼環境ソリューションのJV（ジョイントベンチャー）が約20億円でこれを受注した。KWSは（株）NJSコンサルタンツとJVを組み，浄水場建設のコンサルティング業務（詳細設計，工事施工管理，竣工時の運転・維持管理指導）を約1.5億円で請け負うこととなっており，2020年度には完成予定である[12]。

　さらに別案件として，2016年2月からの3年間，北九州市海外水ビジネス推進協議会の参画企業である（株）ユニ・エレックス（UNI-ELEX）が，ベトナム国内6都市（ハイフォン・クァンニン・ナムディン・フートォ・ホーチミン・ティエンザン）でU-BCFの適用可能調査を実施中である。この調査結果に基づいてホーチミン市のサイゴン水道公社は，U-BCFを採用することを決定した。資金が確保され次第，建設に着手する見込みとなってい

図表12-3　工事中のアンズオン浄水場（2019年8月6日）

出所：北九州市上下水道局海外事業部海外事業課 矢山将志氏提供。

る[13]。

3　地方自治体の国際協力としての水ビジネス

(1)　水道技術者のキャパシティビルディング

　次に，国際協力の視点から北九州市の海外水ビジネスを評価していこう。
北九州市は技術者の養成・支援に力を入れてきた。北九州市に研修生を受け
入れる方法と北九州市から技術者を派遣する方法との2種類がある。

　前者では，北九州市上下水道局において職員から講義等により管理運営に
必要な知識を習得することに加えて，北九州市内の各種の水道施設の現場を
視察し，実際に機材に触れ，操作をする。研修プログラムは1週間程度のも
のから数ヵ月のものもある。いずれも北九州市の上下水道の管理技術を習得
してもらうことが中心となる。2018年度までに海外156ヵ国から6,000人以上
の研修生を受け入れ，北九州市の水道技術を伝えてきた。

　各国に職員を専門家として派遣する技術支援では，まず，各国の上下水道
の管理運営状況を調査し，必要とされる支援計画の作成から着手する。その
うえで，実態に応じて配水管理部門や浄水部門，下水処理部門等の必要とさ
れる分野の職員が現地に出向く。各国・都市の実情に応じたきめ細やかな技
術支援を実践することを目指している。1990年にアフリカ西部のマリ共和国
へ職員を派遣したことを契機として，これまでに世界13ヵ国に約200名の職
員を派遣してきた。

　特にカンボジアでは1999年以降，技術支援を継続的に実施してきた結果，
「プノンペンの奇跡」と呼ばれる大きな成果をあげてきた。1999年，北九州
市上下水道局は，厚生労働省（当時，厚生省）とJICAの要請を受けて，プ
ノンペン水道公社に職員1名を専門家として派遣し，水道施設の維持管理に
関する技術指導や政策立案支援を開始した。

　それ以後，JICA小規模パートナーシップ事業等を通して，北九州市が採
用している配水ブロックシステムと配水管理システムの技術移転を実施した。

プノンペン市内の総延長約1,300kmの配水管網を41のブロックに分割し，ブロック単位に流量計と水圧計，電話回線を利用した遠隔監視装置を設置することにより，データを集中管理することで無収水を削減させることを目的としたものである。

北九州市上下水道局が技術支援を開始する以前，カンボジアの内戦が終結した直後の1993年にあっては，プノンペン市内の水道は飲用不可であり，水道普及率は20％，給水は1日10時間，無収水率は72％に及んでいた。これが漏水削減や浄水場運転技術等の専門家派遣を通して協力完了時の2006年には，普及率は90％を超え，飲用可能な給水は24時間，無収水率は先進国並みの8％にまで改善した。荒廃した国土の中から，瞬く間に何時でも安全で飲用可能な水道水が，蛇口をひねれば飲むことができるようになったことから，「プノンペンの奇跡」と呼ばれたのである[14]。

(2) 水ビジネスを通じたアジア・ネットワーク

北九州市では，2009年にベトナム・ハイフォン市と友好・協力協定を締結して以降，同市との間で水道分野をはじめとする各種の交流を育んできた。その結果，同協定が期限を迎えた2014年のタイミングを捉えて，姉妹都市協定へと発展させた。ハイフォン市との姉妹都市協定の締結は，1988年の大韓民国・仁川（インチョン）広域市との姉妹都市締結以降，実に26年ぶりのことであった。

さらにカンボジア・プノンペン市とも，1999年に水道普及に向けた技術協力を開始して以降の17年に及ぶ貢献を踏まえて，2016年，北九州市を訪問したフン・セン首相の提案により姉妹都市協定を締結した。プノンペン市との姉妹都市協定の締結に関しても，水道分野における両市への貢献と水ビジネスにおける実績が大きく寄与している。

2019年12月6日に行った北九州市上下水道局海外事業課へのヒアリングによれば，北九州市上下水道局が関わった海外水ビジネス案件は62件に上るという。これまで見てきたように，北九州市上下水道局をハブとして，北九州市海外水ビジネス推進協議会とKWSという三位一体の官民連携によるネットワーク構築とビジネス展開，それが北九州市の水ビジネス戦略であった。

北九州市の独自技術であるU-BCFはベトナムを中心に東南アジアでの実

績を生み出しており，これまでの支援により培ったネットワークという営業力をもって，アジア地域での今後の更なる飛躍が期待される。それは単なるビジネスの拡大に止まらず，国際協力に基づく信頼と，地方自治体（都市）間のネットワークを強化していくのである。

おわりに

　環境と開発をめぐる課題は，時間をかけて，持続可能な発展という理念に到達した。今日では，そのビジョンと目標が広く共有され，いかなる工業・産業都市といえども大気汚染や汚水の排出，環境破壊型のビジネスは批判の対象である。清潔な水や緑は世界のどの地域でも求められ，まちづくりが進み，時間をかけながら美しく，暮らしやすい街並みと，その実現を担う地域コミュニティが作り上げられてきている。この動きを看取した広井良典は，「持続可能な緑の福祉社会」を提言している[15]。

　水と緑を各人が大切にしつつ，地域の福祉社会を構築していく。それは一人ひとりが豊かな生（生命・生活・人生・生産）を送ることから始まる。豊かな生の状態や暮らし向きは，本質的に各人の課題である。それゆえに「持続可能な発展のための2030年アジェンダ」（SDGs）の基本コンセプトは，「だれ一人としてとり残さない（No One will be Left Behind）」となっている。

　国際的に見れば，「先進国か途上国かを問わず，人々は常に安全を脅かされながら生きている時代」[16]にあって，一人ひとりの生命と可能性を守ることから世界秩序を構想する，それが持続可能な発展の基本戦略である。だからこそダスグプタは，一人ひとりのQOLに着目し，それを世代間で足し合わせた「社会的福祉」を，持続可能な発展の目的変数に設定している。

　持続可能な発展のためには，「制度」を担うローカルな主体として，地方自治体の役割も大きい。北九州市は，海外水ビジネスを通じて都市経営のための基礎インフラをアジア各地で整備し，人々の生を直接的に支える国際ビジネスとして実績をあげてきた。また北九州市は，1990年代から地域コミュニティ改革を行い，工業・産業型都市から地域内経済循環型の環境都市への

構造転換を続けている[17]。海外水ビジネスで構築されたアジア各地の都市ネットワークと信頼は，今後，地域コミュニティ形成や新たな社会モデル構築のためのソフトな技術（社会技術）を相互に学びあう基盤ともなるだろう。北九州市が「SDGs未来都市」を宣言した意義はここにある。

　持続可能な発展，この魅力的な概念を現実社会に活かすための理論的深化と政策的具体化の試み，そして実践を続けていくこと，それは私たちの時代の課題である。

（付記）北九州市上下水道局 木山聡氏に，市の海外水ビジネスに関する貴重な資料やデータの提供を受けました。もちろん，すべての文責は筆者にあります。ここに記して感謝の意を表します。

注 ━━━━━━━━━━━━━━━━━━━━━━━━━━━━━━━━━━━━

1 吉見［2019］。
2 Sustainable Developmentの訳語は「持続可能な発展」に統一した。環境経済学者のデイリー（Daily, H. E.）によれば，持続可能な発展とは「環境の扶養力を超えてしまうような成長を伴わない発展」である。成長は量的な増加・拡大を意味し，発展は質の改善，各人の潜在的な可能性の実現を意味する。彼は，成長・開発と発展とを明確に区別して，「持続可能な発展とは成長なき発展のことだ。すなわち，環境の再生・吸収力を超えてスループット（一定期間内に処理される量）が成長することのない発展のことだ。将来の進歩の道筋は発展であって成長ではない」（デイリー［2005］, p. 20，カッコ内は筆者加筆）と述べている。
3 Dasgupta［2001］, pp. 169-173.
4 村上・渡辺［2019］。
5 首相官邸［2009］，11-12頁。
6 北九州市上下水道局は，水道局と建設局下水道部の経営統合により2012年4月に誕生した。煩雑さを避けるために表記は上下水道局に統一する。
7 総務省自治財政局公営企業経営室のホームページ（https://www.soumu.go.jp/main_content/000543167.pdf）では，最新の『自治体水道事業の海外展開事例集』が公開されている。
8 北九州市上下水道局海外事業課記者発表資料「海外水ビジネス案件を受注—北九州市を含む共同企業体が無償資金協力事業に着手」（2017年5月22日），同「対カンボジア王国事業・運営権対応型無償資金協力『カンボジア王国・コンポントム上水拡張事業』を会員企業が受注—本市海外水ビジネスで，初の事業運営案件」（2019年3月20日）。
9 同上。
10 北九州市上下水道局海外事業課記者発表資料「カンボジア国セン・モノロム市における上水道整備事業の完成—はじめての浄水場が北九州市の技術力で供給開始」（2016年4月20日）。

11 北九州市上下水道局海外事業課記者発表資料「北九州市の高度浄水処理（U-BCF）をベトナム・ハイフォン市に整備」（2013年5月16日）。
12 中嶋［2015］，33頁。
13 北九州市上下水道局海外事業課記者発表資料「ベトナム国6都市でU-BCFの実証実験を開始―『チーム北九州』でU-BCF技術をハイフォンからベトナム各地へ」（2016年2月10日）。
14 鈴木・桑島［2015］。
15 広井［2015］。
16 人間の安全保障委員会［2003］，9頁。
17 松原［2020］。

引用・参考文献

Daily, Herman E. [1996], *Beyond Growth : The Economics of Sustainable Development*, Beacon Press（デイリー，ハーマン著・新田功・藏本忍・大森正之訳［2005］『持続可能な発展の経済学』みすず書房）.

Dasgupta, Partha [2001], *Human Well-being and the Natural Environment*, Oxford University Press（植田和弘監訳［2007］『サステイナビリティの経済学―人間の福祉と自然環境』岩波書店）.

首相官邸［2009］「新成長戦略（基本方針）―輝きのある日本へ」。

鈴木康次郎・桑島京子［2015］『プノンペンの奇跡―世界を驚かせたカンボジアの水道改革』佐伯出版株式会社出版事業部。

中嶋耕朗［2015］「国際技術協力から海外水ビジネス展開へ―北九州市の挑戦」『Civil Engineering Consultant』Vol.267，30-33頁。

人間の安全保障委員会［2003］『安全保障の今日的課題―人間の安全保障委員会報告書』朝日新聞社。

広井良典［2015］『ポスト資本主義―科学・人間・社会の未来』岩波新書。

松原英治［2020］『人口減少時代の都市における地域主義モデルの構築―政令指定都市「北九州市」の都市経営と地域コミュニティ改革に関する地域研究』（博士論文：静岡大学創造科学技術大学院）。

村上芽・渡辺珠子［2019］『SDGs入門』日本経済新聞出版社。

吉見俊哉［2019］『平成時代』岩波新書。

INDEX

211

■執筆者紹介

小川　雄平（おがわ　ゆうへい）　　　　　　　　　　　　　序章
編著者紹介参照

木幡　伸二（こわた　しんじ）　　　　　　　　　　　　　第1章
福岡大学商学部教授
一橋大学大学院経済学研究科博士課程後期課程満期退学，経済学修士

猿渡　剛（さるわたり　つよし）　　　　　　　　　　第2，8章
編著者紹介参照

大津　健登（おおつ　けんと）　　　　　　　　　　　　　第3章
九州国際大学現代ビジネス学部准教授
明治大学大学院商学研究科博士後期課程修了，博士（商学）

中原　裕美子（なかはら　ゆみこ）　　　　　　　　　　　第4章
九州産業大学経済学部教授
九州大学大学院経済学府博士後期課程修了，博士（経済学）

王　忠毅（おう　ちゅうき）　　　　　　　　　　　　　　第5章
西南学院大学商学部教授
九州大学大学院経済学研究科博士後期課程修了，博士（経済学）

西田　顕生（にしだ　あきお）　　　　　　　　　　　　　第6章
西南学院大学商学部教授
大阪市立大学大学院経営学研究科後期博士課程単位修得満期退学，博士（商学）

藤川　昇悟（ふじかわ　しょうご）　　　　　　　　　　　第7章
西南学院大学商学部教授
九州大学大学院経済学研究科博士後期課程単位修得退学，博士（経済学）

男澤　智治（おざわ　ともはる）　　　　　　　　　　　　第9章
九州国際大学現代ビジネス学部教授
日本大学大学院理工学研究科博士前期課程修了，博士（学術）

福田　晴仁（ふくだ　せいじ）　　　　　　　　　　　　第10章
西南学院大学商学部教授
関西大学大学院商学研究科博士課程後期課程修了，博士（商学）

千　相哲（せん　そうてつ）　　　　　　　　　　　　　　　　第11章
九州産業大学地域共創学部教授
立教大学大学院社会学研究科博士課程単位修得満期退学，博士（社会学）

藤本　穣彦（ふじもと　ときひこ）　　　　　　　　　　　　　第12章
明治大学政治経済学部准教授
同志社大学大学院社会学研究科博士課程前期修了，工学博士

松原　英治（まつばら　えいじ）　　　　　　　　　　　　　　第12章
北九州市高年齢者就業支援センター所長
静岡大学創造科学技術大学院博士後期課程修了，博士（学術）

■編著者紹介

小川　雄平（おがわ　ゆうへい）
九州情報大学経営情報学部教授，西南学院大学名誉教授
1944年滋賀県生まれ。大阪市立大学大学院経済学研究科博士課程単位修得満期退学，博士
（経済学）。1978年西南学院大学商学部助教授，1984年同教授等を経て，現職。
主著に，『中国東北の経済発展』九州大学出版会，『アジア経済の現代的構造』世界思想社，
『東アジア地中海経済圏』九州大学出版会，等がある。

猿渡　剛（さるわたり　つよし）
福岡大学商学部講師
1981年熊本県生まれ。九州大学大学院経済学府博士後期課程単位修得退学，博士（経済学）。
2013年九州大学経済学部助教，2017年福井県立大学地域経済研究所講師等を経て，現職。
主要論文に「ASEAN域内のサービス貿易自由化の現状」『東アジア研究』第21号，
「ASEANの工業化とFTA」『世界経済評論』第62巻第2号，等がある。

国際ビジネス論を学ぶ

2020年10月20日　第1版第1刷発行

編著者	小　川　雄　平	
	猿　渡　　　剛	
発行者	山　本　　　継	
発行所	㈱中 央 経 済 社	
発売元	㈱中央経済グループ パ ブ リ ッ シ ン グ	

〒101-0051　東京都千代田区神田神保町1-31-2
電話　03(3293)3371(編集代表)
　　　03(3293)3381(営業代表)
http://www.chuokeizai.co.jp/
印刷／㈱堀内印刷所
製本／㈲井上製本所

© 2020
Printed in Japan

ベーシック＋プラス
Basic Plus

Let's START!

学びにプラス！
成長にプラス！
ベーシック+で
はじめよう！

いま新しい時代を切り開く基礎力と応用力を兼ね備えた人材が求められています。
このシリーズは，各学問分野の基本的な知識や標準的な考え方を学ぶことにプラスして，一人ひとりが主体的に思考し，行動できるような「学び」をサポートしています。

ベーシック+専用HP

教員向けサポート
も充実！

中央経済社